课外悦读·基础提高

青少年必知的
科学知识

SCIENTIFIC KNOWLEDGE THAT TEENAGERS MUST KNOW

最新鲜的百科知识　前所未有的想象力激发方式　最酷炫的探秘信息

胡郁 编著

中国出版集团
现代出版社

图书在版编目（CIP）数据

青少年必知的科学知识／胡郁编著. — 北京：现代出版社，2012.9（2024.1）
ISBN 978-7-5143-0726-9

Ⅰ. ①青… Ⅱ. ①胡… Ⅲ. ①科学知识－青年读物 ②科学知识－少年读物 Ⅳ. ①Z228.2

中国版本图书馆 CIP 数据核字（2012）第 204024 号

青少年必知的科学知识

编　　著	胡　郁
责任编辑	张红红
出版发行	现代出版社
地　　址	北京市安定门外安华里 504 号
邮政编码	100011
电　　话	010－64267325　010－64245264（兼传真）
网　　址	www.1980xd.com
电子信箱	xiandai@vip.sina.com
印　　刷	三河市人民印务有限公司
开　　本	710mm×1000mm　1/16
印　　张	14.5
版　　次	2012 年 10 月第 1 版　2024 年 1 月第 9 次印刷
书　　号	ISBN 978-7-5143-0726-9
定　　价	59.80 元

前言 PREFACE

青少年必知的科学知识

古往今来，人类在科学上的探索和发现之路总是曲折坎坷的。

我国古代著名医药学家李时珍在逐味发现中药的过程中，花费27年时间，跋山涉水，风餐露宿，访采四方，搜罗百代，完成了《本草纲目》的撰写。我国现代数学家陈景润夜以继日，演算稿攒成几麻袋，经过三年多的苦心研究，才摘下数学王冠上的明珠。居里夫人在发现镭的过程中，更是忍受着丧夫之痛，顽强苦战四个春秋，从一吨提取过铀的沥青矿残渣中，一点一滴，一次又一次测量、分析，才揭开了镭的奥秘。看看他们哪一个不是付出了百折不挠的努力，克服了千千万万的困难，战胜了不可逾越的险阻，最后才取得辉煌成就。

本书从数学、物理、化学、生物、地理、天文六个方面，收录了古今中外的重大科学发现，并以通俗的语言，故事性的叙事，记录了科学家们不同寻常的科学发现历程。读来饶有趣味，让读者在故事中了解深奥的科学知识。在每一节后，我们还增加了知识链接、拓展阅读、广角镜等小栏目，为的是让读者进一步理解科学中的知识点。

在灿烂的科学发展史上，伟大的科学发现不断地推动人类的进步。这些伟大的科学家就像夜空中闪烁的星辰一样璀璨，让我们记住他们的科学精神，记住他们的艰辛耕耘，记住他们的无私奉献，记住他们的卓越成绩，更要记住他们的名字！

目录

CONTENTS

青少年必知的科学知识

QINGSHAONIANBIZHIDEKEXUEZHISHI

物理 · 化学

生物 · 农业

人体·医学

航空·交通

电子·电脑

城市·建筑

青少年必知的科学知识

天文·地理

QINGSHAONIAN
BIZHI DE KEXUE ZHISHI

天文是观察和研究宇宙天体的学科，它研究天体的分布、运动、位置、状态、结构、组成、性质及起源和演化，是自然科学中的一门基础学科。地理是研究地球表面的地理环境中各种自然现象和人文现象，以及它们之间相互关系的学科。

青少年是中国未来的希望，是探索、研究科学文化知识的后备军。作为一名新时代的青少年，要多多地了解天文地理方面的科学知识，以便将来在这两方面贡献自己的力量。争取做一名合格的新时代青少年。

宇宙究竟有多大

浩渺星空激起人类无尽的探索欲，那黑漆漆的夜空究竟有多大呢？这是人类至今还无法回答的问题。事实上，人类不仅不知道宇宙有多大，而且也难以想象出宇宙可能有多大。

人类科学技术发展到现在，离开地球进入太空已经不是一件无法办到的事了。通过数千年的探索，人们发现地球仅是太阳系的一部分，而且是很小的一部分。

基本小知识

宇　宙

宇宙是由空间、时间、物质和能量所构成的统一体。是一切空间和时间的综合。一般所说的宇宙是指我们所存在的一个时空连续系统，包括其间的所有物质、能量和事件。根据大爆炸宇宙模型推算，宇宙年龄大约200亿年。

太阳系就是我们现在所处的恒星系统，包括以太阳为中心，及所有受到太阳引力约束的天体的集合体。我们的太阳系又是另一个更大星系的一小部分，这个更大的星系叫做银河系。银河系有千千万万颗星星，有许多星星可能都比太阳大。这些星星可能都有自己的恒星系。

因此，我们能看到的银河系里的那些星星都是“太阳”。它们离我们很远很远，和我们的距离要用光年计算，不适合用千米来计算。光年就是光行走一年的距离，1 光年约合 94 600 亿千米。

银河系的宽度约合 10 万光年，也就是 10 万个 94 600 亿千米！而我们的银河系却又是另一个更大星系的一小部分。银河系以外大概还有千千万万个类似银河系的星系。而所有这些星系加在一起很可能是另一个更大星系的一小部分！

所以说，人类甚至无法想象出宇宙究竟有多大。不仅如此，科学家们还认为宇宙仍在不断地扩大。因为每隔几十亿年，两个星系之间的距离就会加大一倍！

黑洞真的存在吗

黑洞吞噬一切

所谓黑洞，是天文学和物理学相结合的对天体演变的一种预测，具体指演变到最后阶段的恒星（恒星—白矮星—中子星—夸克星—黑洞）。

支持黑洞力量的科学家认为：在自身引力的作用下，一个条件合适的恒星在其演化晚期，会很快地向中心坍缩，并一直坍缩到它自己的引力半径范围以内。这时，任何东西就休想从它上面逃离了，即使每秒钟能跑 30 万千米的光也不例外。

这样的一个天体，它老是不客气地从外界吸进东西，而从不“吐”出来，简直像是个无底洞。连光线都发不出来的天体，当然是黑黑的，是无法看到的，给它起个“黑洞”的雅号，倒也挺别致。

到目前为止，黑洞还只是理论上预言其存在的一种天体，许多科学家都在极力寻找，哪怕找到一个黑洞也好，可就是一个也还没有找到。甚至有一些科学家提出全新的看法——认为所谓的黑洞根本是子虚乌有。

什么是天文单位

在测量太阳系内各天体之间的距离时，一般以天文单位为基本单位，这是一种以日地之间平均距离为基础的长度单位。1976 年国际天文学联合会规定，1 个天文单位的长度是 1.495 978 70 亿千米，并从 1984 年开始普遍使用。

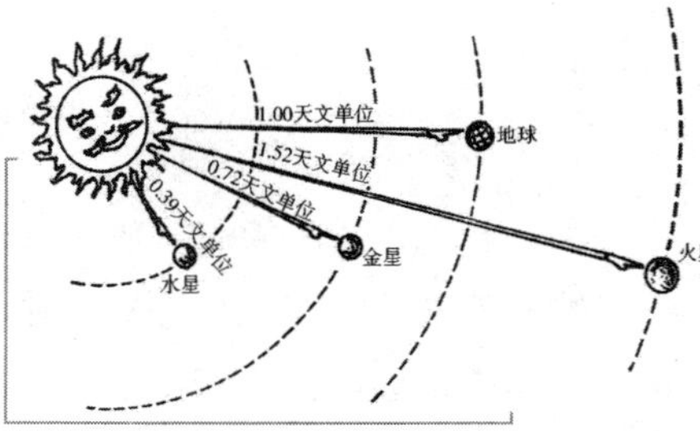

地球到太阳的平均距离是一个天文单位

在要求不太严格的情况下，可以把天文单位说成是 1.496 0 亿千米，或 1.5 亿千米。有的书把天文单位简称为 AU 或 au。

知识小链接

天 体

天体是指宇宙空间的物质形体。天体的集聚形成了各种天文状态的研究对象。天体，是对宇宙空间物质的真实存在而言的，也是各种星体和星际物质的通称。

银河系是什么形状的

第一个深入研究银河系形状的人是英国天文学家赫歇耳，他用抽样调查的方法，计算了一些特定天区内的恒星数目，并进而绘制了银河系结构图。他把太阳放在银河系中心。虽然赫歇耳的银河系模型是不正确的，但作为银河系研究的先驱者，他的功绩是不可埋没的。

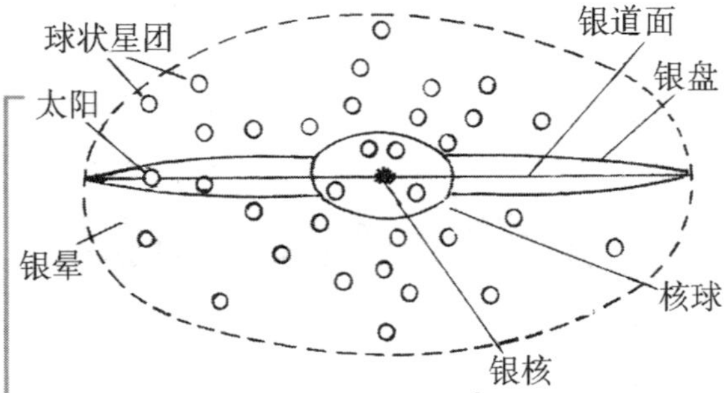

银河系侧视图

今天，我们知道的银河系形状像是合在一起的两片钹，主体部分叫银盘，中间鼓起来的部分叫核球，而核球中间恒星最密集的地方叫银核。在离银河系中心一定的距离内，星与星之间的平均距离约一万天文单位，结构也特别复杂。

银河系有多大

银河系的主体即银河中心是银盘以及银盘中间的核球和银核，银盘周围是银晕和银冕两大包层，从银盘往外还“甩”出来了4条旋臂。

银盘的直径大约是8万光年，边缘薄，中间厚，厚度从边缘处的3 000光年到核球部分的6 500光年或更大。

拓展阅读

河外星系

银河系有两个伴星系：大麦哲伦星系和小麦哲伦星系（小麦哲伦星云）。与银河系相对的称之为河外星系。

包围着银盘的是形状近于扁平球形的银晕。银晕的直径大体上不超过16万光年，这里稀疏地散布着老龄恒星。银晕外面是银冕，这是一个非常稀薄的包层，据估计，它从银心往外延伸至少有20万光年，也许达到30万光年；有人认为银冕的直径在65万光年左右。银河系总质量的一半以上都在银冕之中。

银河系的中心在哪

我们知道，地心是地球自转轴与赤道面的交点。那么同理，所谓银河系的中心，就是指银河系的自转轴与银道面的交点。

太阳在银河系中的位置被确定之后，银心的方向就很容易定出来，它就在人马星座方向。用赤经、赤纬来表示的话，它2000年时在赤经17°45.6′，赤纬－29°00′，这一“点”就在人马星座“伽马”星西北不远，靠近蛇夫和天蝎两星座边界。

由于太阳所在的位置到银河系中心的区域之间，散布着大量的尘埃和不透明物质，用光学望远镜是很难看到银心的，更不要说看清楚了。这还有待科技的发展创造出更好的望远镜来实现这一目的。

银河系有多少颗星星

人类所想的“银河系的星星”当然是指那些能发光的星星，也就是指恒星，而不包括围绕恒星转的其他天体。虽然人们热切地想知道银河系究竟有多少颗星星，但恰恰在这个问题上，各方面的意见分歧较大。

《大百科全书·天文卷》说：“银河系的质量为 1.4×10^{11} 太阳质量，其中恒星占 90%。”假定银河系内全为与太阳质量相等的恒星，则应有 1 400 亿颗恒星，90% 的话，应有 1 260 亿颗恒星。

《简明天文学词典》说：“银河系的总质量估计可达约 2×10^{12} 太阳质量，其中恒星占 90% 以上。”仍假定银河系内全为与太阳质量相等的恒星，则应有 20 000 亿颗恒星，90% 的话，应有 18 000 亿颗恒星。

银河系有多少颗星星

知识小链接

恒　星

恒星是由炽热气体组成的，是能自己发光的球状或类球状天体。由于恒星离我们太远，不借助特殊工具和方法，很难发现它们在天上的位置变化，因此古代人把它们认为是固定不动的星体。我们所处的太阳系的主星太阳就是一颗恒星。

几乎同时出版的一本英文《天文学词典》中，一位天文学家兼主编这样说：“银河系包含约 1 000 亿颗恒星。”

银河系到底有多少颗恒星呢？到现在为止，仍无统一定论。

什么是星座

很久以前，那些热衷于观察星空的人们把看到的星星联想成方块、字母或其他熟悉的形状，并给观察到的那些星群取了各种各样的名字。每一个星群便是一个“星座”，英文是constellation，来自拉丁语，意思是聚集的星星。

我们今天使用的各种星座名称都是从古罗马时代、甚至更早的古希腊时代沿用下来的，而古希腊人对星座的了解又部分来源于古巴比伦。

古巴比伦人给一些星座取了动物的名字，有的取了国王或王后的名字，还给一些星座取了古巴比伦神话中的英雄的名字。后来，希腊人用他们自己神话中的英雄的名字代替了巴比伦人取的名字。例如，有的取了希腊神话中的大力神海格力斯的名字，这就是“武仙座”；有的取名猎神奥利安，即“猎户座”；还有的取了杀死蛇发女怪美杜莎的英雄柏修斯的名字，即“英仙座”。此后，罗马人又把一些星座变换了名称。如今这些古老的名称一直沿用了下来。但是，有些星座的形状与它们的名称相去甚远。例如，天鹰座并不像鹰，大犬座和小犬座并不像狗，天秤座也不像天秤。

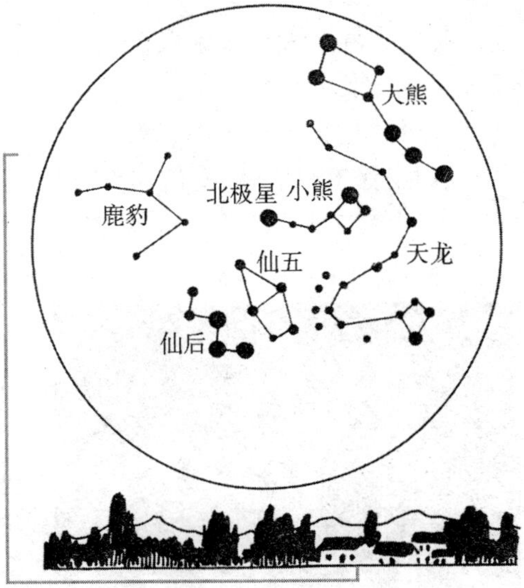

北极附近的星座

一个星座实际上代表着空中的一个区域。也就是说天空中每一颗星星都属于一个星座，就好像在美国每一个城市都属于某一个州一样。

过去，星座与星座之间的界线是很不规则的，呈曲线形。到了1928年，天文学家们决定将星座与星座之间的界线拉直。所以，现在各星座之间的界线都是笔直的直线，不再是曲线了。

银河经过的星座有哪些

银河不是银河系，而是银河系的一部分。它是银河系投影在天上时，地球上所能看到的亮带，它像一条轻纱般的白带绕天空一周。欧洲人把它叫“milk-way”，翻译过来就是“奶路”。我国古人为它取了不少美丽的名称，譬如银河、天河、银汉、河汉、秋河、银潢、天杭等。

银河经过的星座一共有 33 个，占所有 88 个星座的 1/3 以上。

你知道吗

星　座

星座是指天上一群在天球上投影的位置相近的恒星的组合。不同的文明和历史时期对星座的划分可能不同。现代星座大多由古希腊传统星座演化而来，由国际天文学联合会把全天精确划分为 88 个星座。

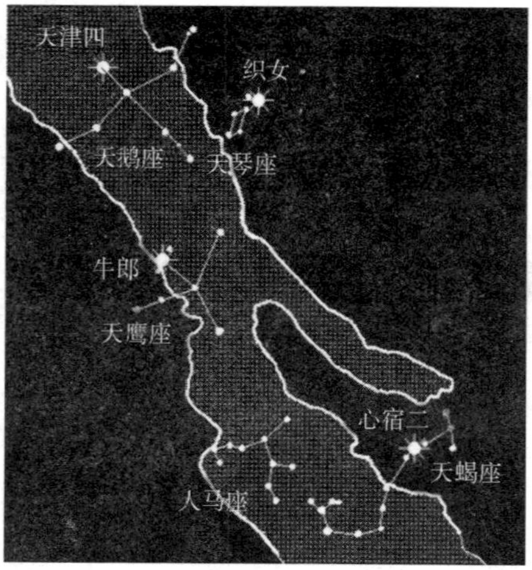

长贯夏季夜空的银河

在北天，银河从天鹰座向东北延伸，先后经过的主要星座有：天箭座、天琴座、狐狸座、天鹅座、仙王座、蝎虎座、仙女座、仙后座，随后折向东南，穿过英仙座、御夫座、金牛座、双子座、猎户座、麒麟座。

银河从麒麟座跨越天球赤道进入南天，穿过大犬座、船尾座、罗盘座、船帆座，横过船底座后，又折向东北，经过南十字座、半人马座、苍蝇座、圆规座、南三角座、豺狼座、矩尺座、天坛座、天蝎座、南冕座、蛇夫座、人马座、盾牌座后，回到天鹰座。

什么是变星

古人以为星的亮度是不变化的，恒星的恒字，也包括亮度恒而不变的意思在内。除了因爆发而亮度极大地增加的新星和超新星这类天体属于变星之外，其他恒星凡有亮度起伏变化的，也统称为变星。

变星的分类是一个很复杂的问题，而且随着人们认识的不断深入，分类也随着改变。从变光本质来说，变星可分为三大类：

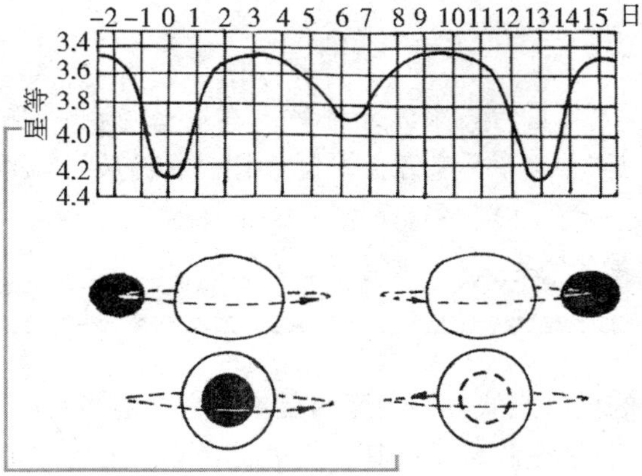

星星的亮度变化

第一类是爆发性的新星、超新星和耀星等，耀星是在极短的时间内，增亮很多而又很快恢复到原来状态的恒星，好比是“闪耀”了一下。

第二类是脉动变星，这类变星是由于本身体积的时胀时缩而引起亮度发生变化。脉动变星和爆发变星又合称为物理变星。

第三类为几何变星，即完全由于几何原因而产生亮度变化的恒星，譬如双星系统中的两颗星互相交食、互相遮蔽等。几何变星又称为光学变星。

现在把不论哪部分波段的电磁辐射都有变化的恒星也叫作变星。

哪颗星星最亮

寻找最明亮的星星是很多人孩提时代努力做过的事情之一，可是，我们的肉眼总是很难办到这件事。

其实，两千多年前，古希腊天文学家就开始根据星星的大小或亮度把它们分成不同的等级。发明望远镜以后，根据星星的大小或亮度，天文学家把它们分成6等。1等亮度的星星最亮，6等亮度的星星最暗。低于6等亮度的星星用肉眼就看不见了。当今，用现代天文望远镜可以拍出21等亮度的星星。

基本小知识

启明星

天亮前后，东方地平线上有时会看到一颗特别明亮的“晨星”，它不是光源，人们叫它“启明星”；而在黄昏时分，西方余晖中有时会出现一颗非常明亮的“昏星”，人们叫它“长庚星”。这两颗星其实是一颗，即金星。

高一等亮度的星星比低一等亮度的星星约亮一倍半。1等亮度的星星有22颗。它们都是非常亮的星星，其中最亮的要数天狼星。它的亮度等级是1.6等。它比我们用肉眼所能看到的最暗的星星亮一千多倍。

亮度等级越低，属于这个亮度等级的星星就越多。例如，1等亮度的星星有22颗，20等亮度的星星多达10亿颗。

冥王星是太阳系的行星之一吗

一直以来，人们都接受了太阳系有九大行星的理论。但是，2006年8月24日在布拉格举行的第26届国际天文联合会通过第五号决议，将冥王星“降级”为矮行星，太阳系大行星由九颗变成八颗。

1930年，美国天文爱好者克莱德·汤博发现了一颗远离太阳的天体，地处阴暗难以观测，就像是住在阴森地下的冥王，因此被命名为“Pluto”（罗马神话中的冥王）。当时，天文学家认为冥王星直径巨大，但随着认识的加深以及观测工具的改进，科学家发现冥王星的直径约为 2 400 千米，远小于月球，与其他大行星无法相比，而且它的运行轨道呈扁圆状，与海王星交叉。因此有科学家认为冥王星不过是“柯伊伯带”一颗较大的天体。“柯伊伯带”在海王星之外，是太阳系外围的一个小行星和彗星带。2003 年，美国天文学家布朗在“柯伊伯带”发现了一颗质量和直径均超过冥王星的天体，命名为“齐娜”（Xena），冥王星的大行星地位遭到了严重质疑。

第 26 届国际天文学联合会通过了新的行星定义：行星指的是围绕太阳运转、自身引力足以克服其固体应力而使天体呈圆球状、能够清除其轨道附近其他物体的天体。冥王星不符合新行星定义，遂降级为“矮行星”。

但是，关于冥王星的争议一直都在继续。2009 年 3 月 13 日，美国伊利诺伊州决定恢复冥王星的行星资格，并把 3 月 13 日定为该州的“冥王星日”。据称，伊利诺伊州之所以做出这样的决定，一是因为冥王星的发现者、业余天文学家克莱德·汤博出生于伊利诺伊州，二是在国际天文学联合会做出将冥王星降级的决定时，其实只有 4% 的成员投票。

现在对冥王星是否是太阳系的行星，尚无定论，也许还要等些时日，找出更多的令人信服的证据才能下定论吧。

什么是彗星

过去，人们对彗星总有一种恐惧感，认为它是不祥之兆，会带来瘟疫、战争和死亡。今天，尽管我们还不能完全解释彗星，但对它总算有了基本的科学的了解。

彗星刚出现时，我们能看到一个小亮点儿，这个亮点儿叫作“彗头”或“彗核”，围绕彗核的部分，叫作“彗发”。科学家们认为彗头大概是由许多许多的固体物质混杂着气体组成的，彗发实际上是一大团发光的物质云，有时其直径达 150 000 英里甚至更大。

当彗星接近太阳时，后面常常拖着个大尾巴，而且尾巴会拖得越来越长。这是因为“彗头”在太阳的影响下，甩出很多细微的颗粒和稀薄的气体，组成了这条大尾巴。当彗星离开太阳，背离太阳疾驰而去时，尾巴跑在前面，头部拖在后面。这是因为当彗星背离太阳飞驰时，在太阳光的影响下，彗头的许多微小的颗粒被推到尾部。

趣味点击

周期彗星

大部分彗星都不停地围绕太阳沿着很扁长的轨道运行。循椭圆形轨道运行的彗星，叫“周期彗星”。公转周期一般在三年至几世纪之间。周期只有几年的彗星多数是小彗星，直接用肉眼很难看到。不循椭圆形轨道运行的彗星，只能算是太阳系的过客，一旦离去就会不见了踪影。大多数彗星在天空中都是由西向东运行。但也有例外，哈雷彗星就是从东向西运行的。

彗星远离太阳的速度越来越慢，渐渐地它从我们的视线中消失。有的会在许多年以后再出现，有的就永远消失了。但多数的彗星终将再次出现在我们的视线中。彗星围绕太阳转了一圈又一圈，每转一圈要用很长时间。例如，哈雷彗星围绕太阳转一圈大约需要 76 年的时间。

目前，天文学家已记载下来的彗星大约有 1 000 颗。但是据天文学家估计，太阳系中没有被发现的彗星还有好几十万呢！

最早发现的周期彗星是哪一颗

1682 年，天空中出现了一颗亮彗星。英国天文学家哈雷在计算它的轨道时，惊奇地发现它与 1531 年和 1607 年出现的两颗大彗星轨道很相似，而且相隔都约为 76 年，他意识到它们很可能是同一颗彗星的三次出现。

在哈雷之前，还没有人认识到某些彗星是会周期性地回归的。他在深入研究彗星运动的基础上，大胆地宣称 1682 年的那颗大彗星是一颗周期彗星，并预言它将在 1758 年再一次回归。

预言得到了证实，大彗星于 1759 年 3 月准时回归，比哈雷的预报晚了几个月。不过，这早已被一些科学家预料到，他们在改进了大彗星轨道之后，早已作出大彗星将晚几个月回归的预告。

那时，哈雷已去世 10 多年，为了纪念他，这颗彗星被命名为哈雷彗星，它是被预言回归的第一颗周期彗星。

流星是怎样形成的

流星在天空中可能是单独出现的，而且各有各的来去方向，也有可能是成千上万地云集在一起出现，形成流星雨。地球沿轨道围绕着太阳旋转时，可能会接近这样的流星群。流星群一接触到地球大气层的外层，就会发光，这时我们看到的是流星的一道闪光。那么，这些流星是从何而来的呢?

人们曾一度认为这些流星来自其他的星球。现在人们已认识到，流星根本就不是什么星星，它们只是些在太空中游荡的小块的固体，我们把它们叫做“流石”，其中有些也能够穿过地球的大气层。

天文学家们解释说，周期性出现的流星群是彗星上脱落的石块组成的。当彗星破碎时，千百万的碎块继续在太空运行，这些密集的碎块就是我们所说的流星群。流星群沿着一定的轨道，有规律地在太空运行，每隔 33 年就会有这样一个流星群光临地球。

知识小链接

地心引力

引力就是一切有质量的物体之间产生的互相吸引的作用力。地球对其他物体的这种作用力，叫做地心引力。其他物体所受到的地心引力方向向着地心。这是由于地球自转造成的。地球自转会产生一个叫地转偏向力的力，在北半球它使物体在运动时方向向右偏；在南半球它使物体运动时方向向左偏。所以在北半球是逆时针，在南半球的话就是顺时针。

流星群中的流石因为地心引力的作用掉到地球上，人们就叫它“陨石”。根据陨石本身所含的化学成分的不同，大致可分为三种类型：含 98% 以上铁和含 4% ~20% 镍的铁陨石，也叫陨铁；铁镍与硅酸盐大致各占一半的石铁陨石，也叫陨铁石，这类陨石较少；主要含硅酸盐的石陨石，也叫陨石，这种陨石的数目最多。

在公元前 467 年的古罗马时代，一块陨石落到地球上。当时这被视为一个重大事件，罗马史学家还把它载入了史册呢!

最大的陨石在哪儿

世界最大陨石——“吉林一号”

1976 年 3 月 8 日 15 时许，一场罕见的陨石雨洒落在吉林省吉林市郊永吉县蛟河县等处的一大片平原上，这就是著名的“吉林陨石雨”。经过专家调查确认，吉林陨石雨降落的范围东西长 72 千米，南北宽 8.5 千米，面积约 500 平方千米；搜集到大小陨石标本 138 块，碎块 3 000 块；吉林陨石总重量达 2 700 多千克。

科学家对吉林陨石样品进行了切片化验分析、X 射线分析、X 光粉晶分析以及双目镜下鉴定，发现吉林陨石为石陨石的一种，属高铁群球粒陨石，内含橄榄石、斜方辉石、古铜辉石、顽火辉石等 43 种矿物，其中一些矿物质在同类陨石中属首次发现。此外，还有 9 种矿物质是地球上没有的。使科学家意想不到的是，在吉林陨石的体内还含有多种与生命物质有关的有机化合物，如氨基酸、核酸、脂肪酸等，其中氨基酸有 11 种之多。

这场吉林陨石雨的“雨”区之大、“雨”量之多，并且在降落时，没有造成一人一畜的伤亡，实属世界陨石雨降落历史中的罕见之事。其中，最大的一块重 1 770 千克，即“吉林一号”，落地时砸开厚 1.7 米左右的冻土层，陷进 6.5 米深的土层，它是近代发现的世界上体积最大的陨石。现在保存在吉林陨石博物馆，供人观赏。

最大的陨铁在哪儿

虽然从陨落的次数来看，陨铁远没有陨石来得多，但是由于陨铁不易碎裂，容易保存，现存的陨铁数量不比陨石少，而且很多是大块的。

世界上陨铁“冠军”是霍巴陨石。它于1920年在非洲纳米比亚南部格鲁特福特恩附近的西霍巴地区被发现，重约60吨，长约2.75米，宽约2.43米。它现在仍在降落的地方，没有移动过位置。

新疆大陨铁

陨铁“亚军”是约克角陨石，重约32吨，于1897年在格陵兰岛的约克角附近发现，现在陈列在纽约自然博物馆的天文馆内。

陨铁“季军”即新疆大陨铁，重约30吨，长约2.42米，宽1.85米，高1.37米。此陨铁是在新疆北部青河县的一处荒漠里发现的，至于何时陨落，迄今没有可靠的资料和线索。当地群众称它为“银骆驼”，现在它已被运到了乌鲁木齐，存放在新疆维吾尔自治区展览馆后院内。

为什么太阳总是发光

趣味点击

太阳的意象

在中国古典诗歌作品中，太阳的意象不仅出现的次数多，而且涉及的内容也十分丰富。它的起源可追溯到原始的太阳崇拜，后来逐渐衍生出皇权、家庭温暖、时间短促、离情别恨等多种含义。

太阳并不是像地球这样的实体，为什么这么说呢？

因为太阳表面的温度高达6 000摄氏度，这样的高温足以使任何金属或石头化成气体，所以太阳必然是一个大气团！

事实上，太阳是自身发光发热的炽热的气体星球，其中心温度高达1500万摄氏度。太阳的半径约为696 000千米，约是地球半径的109倍。它的质量为1.989×10^{30}千克，约是地球的332 946倍。太阳的平均密度为1.4克每立方厘米，约为地球密度的1/4。太阳与我们地球的平均距离约1.5亿千米。

从前，科学家们认为，太阳之所以发热、发光是因为它在不停地燃烧。可是，太阳已经燃烧了好几十亿年了，它怎么能燃烧这么长时间呢？

其实，太阳的结构从里向外主要分为：中心为热核反应区，核心之外是辐射层，辐射层外为对流层，对流层之外是太阳大气层。太阳通过热核聚变，靠燃烧集中于核心处的大量氢核而发光，平均每秒钟要消耗掉600万吨氢核。太阳中心区占整个太阳半径的1/4，约为整个太阳质量的一半以上。这表明太阳中心区的物质密度非常高，每立方厘米可达160克。太阳在自身强大的重力吸引下，其中心区处于高密度、高温和高压状态，是太阳巨大能量的发生源头。

太阳中心区产生的能量主要靠辐射形式来传递。太阳中心区之外就是辐射层，辐射层的范围是从热核中心区顶部的0.25个太阳半径向外到0.86个太阳半径，这里的温度、密度和压力都是从内向外递减。从体积来说，辐射层占整个太阳体积的绝大部分。

太阳的能量来自哪里

太阳每时每刻都在稳定地向四面八方发射能量，其中只有约二十二亿分之一的能量，主要以辐射形式来到地球，成为地球上光和热的主要来源。

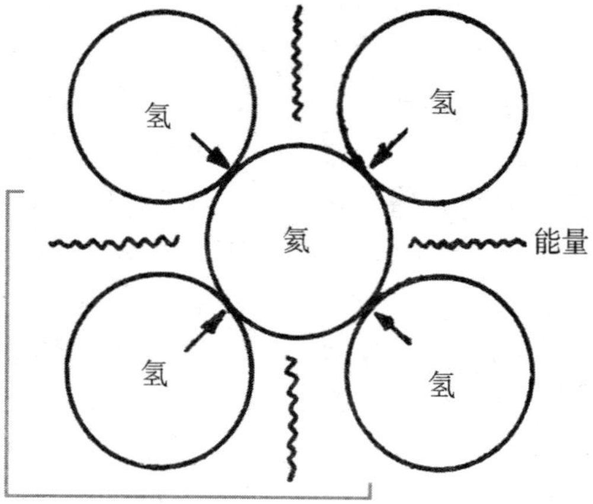

4个氢原子合成1个
氦原子的过程会释放出大量能量

巨大的太阳能量产生于太阳的核心部分，在这里，不断地进行着氢核聚变为氦核的热核反应，在反应过程中，产生和释放出大量能量。

为了维持如此巨大的辐射支出，太阳核心每秒钟要“烧”掉6亿多吨氢核“燃料”，它们在聚变为氦时，实际消耗的氢核质量只是其中不大的一部分，约600多万吨。也就是说，太阳以每秒钟消耗600多万吨氢核的代价，来维持其对宇宙空间的“无偿”辐射。

太阳的质量约1.989×10^{30}千克，是地球的332 946倍，而且70%以上是氢，每秒钟600多万吨的消耗能维持多久，你简单算一下就可以知道。

什么是太阳黑子

人肉眼看到的太阳是太阳的表面层，叫作光球。在光球层上，常出现一些旋涡状的气流，中间凹陷，看起来，像是些大小不等的、形状很不规则的窟窿，很黑很黑，这就是人们所说的太阳黑子。

太阳黑子是太阳活动中最基本、最明显的活动现象。太阳黑子的温度大约为4 500摄氏度，比太阳的光球层表面温度低，在明亮的光球衬托下，它就成为看起来像是没有什么亮光的、暗黑的黑子了。

一个发展完全的黑子由较暗的核和周围较亮的部分构成，中间凹陷大约500千米。太阳黑子很少单独活动，经常成对或成群出现，其中由两个主要的黑子组成的居多，位于西面的叫做“前导黑子”，位于东面的叫做“后随黑子”。一般情况下，一个小黑子大约有1 000千米，而一个大黑子则可达20万千米。

人类发现太阳黑子活动已经有几千年了。出现黑子时会对地球的磁场和各类电子产品和电器产生损害。黑子的活动周期为11.2年，在开始的4年左右里，黑子不断产生，越来越多，活动加剧，在黑子数达到极大的那一年，称为太阳活动峰年。在随后的7年左右里，黑子活动逐渐减弱，黑子也越来越少，黑子数极小的那一年，称为太阳活动谷年。国际上规定，从1755年起算的黑子周期为第一周，然后按顺序排列。

什么是太阳黑子的磁周期

太阳黑子的消长，除了约11年的平均周期之外，从黑子磁场极性分布来看，还有个22年的磁性周期，即磁周期。

知识小链接

磁　场

磁场是一种看不见摸不着的特殊物质，它具有波粒的辐射特性。磁体周围存在磁场，磁体间的相互作用就是以磁场作为媒介的。由于磁体的磁性来源于电流，电流是电荷的运动，因而概括地说，磁场是由运动电荷或电场的变化而产生的。

黑子不仅有很强的磁场，其磁场极性也在发生有规律的变化。黑子往往是成对地出现，而且前导与后随黑子的极性一般相反。也就是说，如果太阳北半球出现的成对黑子中，前导黑子具有N极，那么，那个后随黑

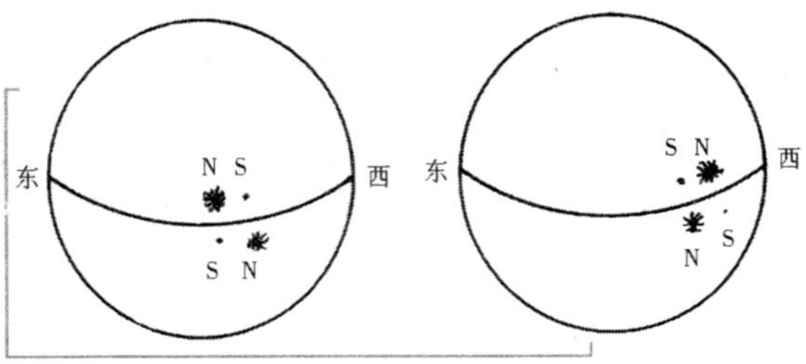

太阳黑子的磁性分布

子就是S极；南半球的情况则刚好相反，即前导黑子是S极，后随黑子是N极。这种极性分布的情况，在每个11年的黑子周期里，在各个半球上始终保持不变。

在下一个11年的黑子周期里，极性情况完全倒过来，即北半球的前导和后随黑子分别为S极和N极，而南半球则是N极和S极。再下一个周期，极

性情况又一次完全倒过来。因此，从磁场的极性分布来看，黑子的磁性周期是22年。

黑子磁周期鲜明地反映了太阳磁场的变化，有着很重要的物理意义和研究价值。

是否存在蒙德极小期

蒙德极小期，或者叫做太阳黑子延长极小期，最初是由英国天文学家蒙德在1894年提出来的。他认为在1645—1715年的70年间，太阳表面上几乎没有黑子，自然也就没有黑子记录，太阳活动处于非常衰微的时期。当时，蒙德的观点没有引起注意。

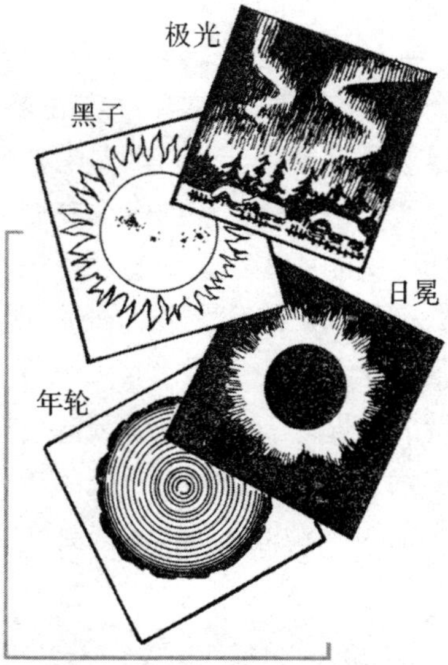

用作蒙德极小期证据的几种现象

1976年，美国天文学家埃迪从欧洲的极光记录、几个亚洲国家的黑子记录，以及日冕的观测记载和对树木年轮中成分的测定等方面，肯定了那70年间太阳活动处在非常衰微的时期，并称之为蒙德极小期。他还进一步指出太阳黑子活动约11年的平均周期，是最近几百年才有的，根本不是太阳活动的基本规律。

埃迪的观点引起激烈的争论。我国天文学家根据我国悠久的太阳黑子记录进行研究的结果是：即使在蒙德极小期期间，太阳活动的平均周期也是存在的，11年的周期并非是近代才有的；苏联科学家还认为，在过去8 000年内，大体有十来次那样的延长极小期。还有其他的一些说法，看来这个争论一时是难以平息了。

上图是一些用作蒙德极小期证据的现象。

如何探索太阳极区

研究表明：太阳活动以及已观测到的种种日冕现象，与太阳两极都有着不同程度的关系。

“尤利西斯”号太阳探测器

为什么两极处的日冕有时只是像羽毛那样的一束光芒？为什么两极处的冕洞那么稳定、永不消失？为什么两极冕洞面积的总和似乎可以看作是个“常数”？太阳磁场的最大秘密隐藏在极区吗？与磁场密切相关的那些现象，譬如黑子及其数量和周期的变化、耀斑的出现及其可能存在的周期、太阳风等，解谜的钥匙在极区吗？极区的自转又是怎么回事……这些问题，激励着人们去探索太阳极区的秘密。因为可以这样说：不太了解极区的情况，就谈不上对太阳的深入和全面认识，更不要说认识其本质了。

知识小链接

四 维

物理学中所说的四维，即“四维空间”的时间理念；中国古代文学中管仲“四维”说，对后世影响深远；同时在中国古代风水学中，八卦中分四维四隅。

所以人们发射了各种探测仪器进入太空去观察太阳。在1990年之前发射的各种探测器和人造卫星等，都只在黄道面内运动，从未探测过太阳高纬度到极区的广阔地区。而在1990年10月发射的“尤利西斯”号太阳探测器，其主要任务是探测太阳两极的秘密。

“尤利西斯”号太阳探测器于2009年6月30日正式结束使命。它是第一个对太阳两极上下空间环境进行四维探测的太空器。在18年的服役史上，

"尤利西斯"号太阳探测器取得了很多惊人成绩，以比之前人们想象的更复杂的方式探测了太阳系。它最先向人类展示了太阳低纬度发出的粒子能升到高纬度，高纬度的粒子也能降到低纬度，更让人意想不到的是，它们甚至可到达很多其他行星。这意味着，原来那些人们觉得不可能对宇航员和卫星构成危险或者不是危险粒子来源的区域，也必须纳入考虑范围并且仔细监控。

月亮是自己发光吗

月亮是月球的俗称，我国古代也称其为太阴、婵娟。它是地球唯一的天然卫星，也是离地球最近的天体，还是被人类研究得最彻底的天体。人类至今唯一一个亲身访问过的天体就是月球。

月亮不是恒星，它本身并不发光，只反射太阳光。月亮的亮度随日、月间距离和地、月间距离的改变而变化。它的平均亮度为太阳亮度的1/465 000，亮度变化幅度从 1/630 000 至 1/375 000。满月时，它给大地的照度平均为 0. 22 勒克斯，相当于 100 瓦的电灯在距离 21 米处的照度。

月面不是一个良好的反光体，它的平均反照率只有 7%，其余 93% 均被月球吸收。月海的反照率更低，约为 6%。月面高地和环形山的反照率为 17%，看上去月面高地和环形山比月海明亮。月球的亮度也有变化，满月时的亮度比上下弦月时要大十多倍。尽管如此，月亮反射的光依然足够照亮地球上的黑夜。

月球上的环形山是怎样形成的

月球环形山的典型构造是：整个环形山呈现为近似圆环状；环壁高耸，层层叠叠，有的环壁完整或比较完整，有的则残缺或者好几个环形山的环壁互相重叠在一起，使环形山的形状千变万化；环内一般比较平坦，有的则在中央矗立着不大的小山；环底则多数都比环外的地面更低些。

对于环形山的形成，科学家们认为一种可能是陨星之类的东西猛烈撞击在月球表面上，形成那些比较小的环形山。大部分环形山有可能是火山爆发形成的，即这些环形山都是曾经有过喷发的火山口。也有人提出了其他解释。

从空间探测的结果看来，水星、金星以及一些卫星上，都有环形山那样的地形构造存在。

人类登上过月球吗

1969年7月16日，美国成功发射“阿波罗11”号宇宙飞船。这艘载有3名宇航员的飞船，经过102多小时的飞行后，它的2名宇航员在月球表面安全着陆。飞船在月面停留21多小时，其中包括宇航员们在月面进行科学实验等活动的两个多小时的时间。7月24日，宇航员们携带着从月球搜集到的20多千克岩石和土壤标本，安全返回地面。

宇航员在月球上

到1972年12月的三年半时间里，“阿波罗”系列宇宙飞船7次飞行中，1次失败，其余6次总共把12名宇航员送上了月面。他们在月球上设置了自动月震仪、太阳风测试仪、核动力科学实验站，并测量了月球磁场、大气密度、月震等。宇航员们总共从月球携回400多千克月岩、月壤样品。一系列的探月飞行活动获得了大量资料，对人们深入了解月面特性、月球的物理特性和化学组成等，有着重要意义。

为什么日月食预报那么准

天文台在发布日月食的消息时，一般都介绍得非常具体和详细，对时间、地点，甚至对将会看到什么样的日月食、日月食的全过程是怎么样的等等都会预报，发生的时刻往往是精确到秒。天文学家是怎么做到这一点的呢？

其实，日月食的发生主要关系到太阳、地球和月球这三个天体之间的关系。虽然从严格的意义上来说，月球绕地球运行，以及地球的自转和公转，都是非常复杂的。但是在充分掌握这类运动的情况下，以及对太阳、地球、月球大小的精确测量基础上，天文学家仍能非常准确地计算出日月食发生的时刻，各阶段食相的时刻和位相，食的类别和食分大小，以及全食带经过地球上的哪些具体地方等。不仅如此，如果需要的话，还能把今后数十年或数百年将要发生的日月食，都事先计算出来并进行预报。

知识小链接

月食

月食是一种特殊的天文现象，当地球运行到月亮和太阳的中间时，太阳的光正好被地球挡住，不能射到月亮上去，月亮上就出现黑影，这种现象就叫作月食。此时的太阳、地球、月亮恰好在同一条直线上。月食可以分为月偏食、月全食和半影月食三种。月食只可能发生在农历十五前后。

什么是地球辐射带

地球辐射带是指地球周围存在的一种辐射带，它的存在最早是由美国科学家范艾伦提出来的，所以有时也被叫作“范艾伦带”。它是来自太阳风的带

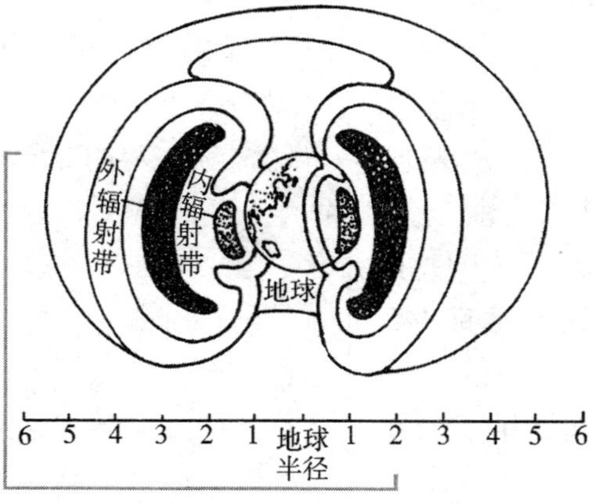

地球辐射带

电粒子在闯入地球磁场时，被捕获而沿着磁力线运动，并相对集中在地球高空的一定区域里。

地球辐射带分内外两层，形状有点像是砸开成两半的核桃壳。内辐射带离地面较近，大致从一两千千米到一万来千米；外辐射带则大体上从一万多千米到两万多千米。辐射带从四面把地球包围了起来，而在两极处留下了空隙，即地球的南极和北极上空不存在辐射带。

由于辐射带里存在着很强的电磁辐射，穿越辐射带的宇航员，以及飞船船舱内的仪器设备等都必须采取相应的防护措施。

日历是如何制定的

随着农业的发展，人们想要计算两个播种季节之间到底相隔多久，于是开始尝试弄清一年有多长。

古埃及人最早精确地算出了一年的长度。他们发现最好的播种时间正好在每年尼罗河泛滥之后，而尼罗河两次泛滥之间，月亮圆了 12 次，于是他们便数 12 次月圆，并且借此估计尼罗河什么时候会再度泛滥。但这么计算仍不够精确，人们又注意到每年尼罗河将要泛滥时，在太阳升起前会升起一颗亮星。他们算出亮星再度升起时要过去 365 天。于是，埃及人将一年分为 12 个月，每个月 30 天，每年年底另有 5 天，不属于任何一个月，最早的历法就此产生了。

后来，历法不以月亮的变化为基础，而以地球绕太阳转一圈所花的时间（365 又 1/4 天）为基础。以月亮的变化为基础的历法叫阴历，以地球绕太阳的运动为基础的是阳历，但多出来的 1/4 天带来的混乱越来越多。最后，尤利乌斯·恺撒决定把混乱的历法整理一下。他下令：公元前 40 年这一年有 445 天，以“补足缺额”；这以后每年有 365 天，但每过四年有一个闰年，闰年有 366 天。因为每个平年都少了 1/4 天，因此每隔四年就要有一个闰年。

广角镜

复活节

复活节是西方的一个重要节日，在每年春分月圆之后第一个星期日。基督徒认为，复活节象征着重生与希望，为纪念耶稣基督于公元 30—33 年之间被钉死在十字架之后第三天复活的日子。

但随着时间的推移，人们发现日历与天时又有相差，复活节和其他宗教节日在还不该到来的日子到来。1582 年，教皇格里高利十三世为了让历法千秋万代保持精确，他下令 1582 年少 10 天，每个世纪的最后一年不应是闰年，只有每隔 400 年才有一次闰年，即逢百年不闰，逢四百年闰。这样，1700 年、1800 年和 1900 年都不是闰年，而 2000 年则是闰年。这种历法叫作格里高利历，目前全世界都在使用它。

地球是由什么构成的

地球是一个大球体，其结构为一同心状圈层构造，由地心至地表依次分为地核、地幔、地壳。概括地说，地球是由岩石构成的，内部是熔化的岩浆，表面则是坚硬的岩石。地球表面，陆地占不到 1/3，而水占 2/3 以上。

虽然人类目前仅能对地壳表层进行探索，还难以了解地球内部的情况。但科学家们通过对地震的研究，使得我们对地球内部的情况还是有一定程度的了解。

从地表算起，地壳约厚 40 千米，分为两层。上边的一层，也就是陆地，由花岗岩构成。花岗岩层的下面，有薄薄的一层坚硬的岩石，称作玄武岩。地壳的主要成分则是石英（二氧化硅）及硅酸盐类，如长石。

地核是地球的核心部分，位于地球的最内部。半径约为 3 470 千米，温度非常高，约有 4 000℃ ~6 000℃。地核又分为外地核和内地核两部分，外地核的物质为液态，内地核则是固态结构。地核的主要成分是以铁、镍为主的重金属，所以又称铁镍核。

在地核和岩石地壳之间厚约 3 200 千米的壳体称作“地幔”，主要由致密的造岩物质构成，这是地球内部体积最大、质量最大的一层。地幔又可分成上地幔和下地幔两层。上部地幔主要成分是橄榄石及辉石（铁镁矽酸盐岩石），也有钙和铝；下部地幔的主要成分则是矽、镁、氧，再加上一些铁、钙及铝等。

整体估算，地球化学组成的重量百分比为：铁 34.6%，氧 29.5%，硅 15.2%，镁 12.7%，镍 2.4%，硫 1.9%，钛 0.05% 等。

以上这些了解都是来自地震震测资料，虽然上部地幔的物质有时会因火山喷出熔岩而被带到地表来，但是我们仍无法到达地幔。目前的海底钻探行动连地壳都尚未挖穿。

如何计算地球有多重

因为地球是悬浮在太空中的，“称”地球重量的方法与将一件物品放在天平上称大不相同。当我们谈到地球的重量时，我们指的是构成地球的物质的量，这称为质量。

知识小链接

万有引力定律

万有引力定律，物体间相互作用的一条定律，1687年为牛顿发现。任何物体之间都有相互吸引力，这个力的大小与各个物体的质量成正比例，而与它们之间的距离的平方成反比。

现代对地球质量的测量结果为 5.976×10^{21} 吨，那么科学家是怎么测量地球的质量的呢？

为了测量地球的质量，科学家利用万有引力定律。把一个体积很小的重物挂在一根细线上，测量出这重物的准确位置。现在把一吨重的铅移近这个悬挂着的重物。于是重物与铅之间有一个吸引力，这吸引力使重物稍稍离开它原来的位置。事实上，它偏离原来的位置不足万分之一英寸，所以你能明白做这种测量时要求有多么高吗？

测量出重物偏离原来位置多远之后，他们再测量出地球对重物的吸引力，以及一吨铅对悬挂着的重物的吸引力，然后计算出这两个数字间的相对差异，借此可以计算出地球的质量。

为什么有四季变化

为什么有四季的变化？这是困扰人类很久的问题，直到人类认识到地球在宇宙中的位置，才找出了这个问题的答案。

我们知道，地球围绕着太阳公转，同时又绕地轴自转。当它围绕着太阳运行时，自己也像个陀螺似的旋转。那么，如果地球的轴线（从北极直通到南极的线）与它围绕太阳运行的轨道成直角，我们就不会有季节变化，一年的每一天也都会一样长。

但是，地球的轴线是倾斜的。这是因为地球受到了三种作用力的影响。一种是太阳的引力，再就是月亮的引力，第三种是地球本身的旋转作用力。结果，地球就以倾斜的姿态围绕着太阳运行。这些作用力使地球终年保持这一姿态不变，所以地球的轴线永远指着一个方向——北极星。

这就是说，在一年当中，北极有些时候向太阳一侧倾斜，有些时候又向另一侧倾斜。由于这一倾斜的缘故，太阳光有时直射地球赤道以北，有时直射赤道，有时则直射赤道以南。太阳直射的地方不同，造成了地球不同地区的不同季节。

当北半球转向太阳时，赤道以北各国进入夏季，赤道以南各国则进入冬季。当太阳光直射南半球时，这里就是夏季，北半球则是冬季。每年最长的一天叫作“夏至”，最短的一天叫作“冬至”。

在全世界任何地方，都有两天昼夜相等。这两天分别在春季和秋季，一个日子是“秋分”，在 9 月 23 日前后，另一个日子是“春分”，在 3 月 21 日前后。

为什么赤道的天气一年四季都热

“赤道”一词的英文名称来自拉丁文，意思是“平分”。这也就是赤道所起的作用。它把地球分成北半球和南半球。它是一条介于南、北两极中间、环绕地球的假想的线。

平行于赤道环绕地球的一些假想的线叫作纬线。赤道是零度纬线，它上下的各条纬线是用来计量地球表面各位置点的纬度的。用这些纬线把地球

趣味点击

赤道纪念碑

在厄瓜多尔和索马里都建有赤道纪念碑。其中厄瓜多尔的赤道纪念碑位于首都基多附近，于 1982 年建成，联合国教科文组织确认这里是世界上位置最准确的赤道标记。凡是到厄瓜多尔旅行的人，无不要去观赏名闻遐迩的胜地——赤道纪念碑，这里被看作是“地球的中心”。

分成若干地带，从北方开始，依次为北极圈、北温带、热带、南温带和南极圈。热带即赤道带，包括从北纬23°到南纬23°之间的地区。在这一地区内，阳光垂直射入，因此天气总是很热。

为什么会这样呢？众所周知，地球的轴线斜交于它绕太阳运行的轨道。因此，赤道也与这一轨道斜交，而这个斜交的角度正好是23°。因此，当地球绕太阳运行时，来自太阳的直射光有时落在赤道以北，有时落在赤道，有时落在赤道以南。不过，太阳的直射光不会越过赤道两边23°之外。

这就说明，赤道带是地球上唯一受到阳光垂直照射的地方。由于赤道附近一年到头受到阳光直射，因此那里的天气总是特别热。

海水为什么是咸的

虽然人们已经知道，盐可以被水溶解，并可以随着雨水流到海里去。可是要回答海水为什么是咸的，却无法给出确切答案。根据实验，平均有35克盐溶解在每千克海水中。其中氯化钠（食盐）占的比重较大，正是由于存在大量的氯化钠，所以海水才是咸的。另外，硫酸镁、氯化镁、硫酸钾、硫酸钙和溴化镁等在其中也占一定的比重，海水的苦味就是由它们造成的。

盐从哪里来，海里的盐又是来自哪里的呢？

关于这个问题，目前科学家们的说法还不一致，主要有两种说法：一种认为最初海洋中的海水所含的盐分并不多，甚至纯粹是淡水，而现在的海水中则有很多盐溶解在里面。这些盐是陆地上岩石、土壤里的盐分溶解在雨水中，流入小溪、河流，最后汇入海洋的。随着岁月的流逝，水分慢慢蒸发而盐分逐渐积累下来。一些观测结果表明，现在每年有39亿吨的盐分经江河带入海中。另一种观点则认为，最初的海水就是咸的。坚持这种观点的科学家对海水中盐分的变化进行了长期的观测，发现海水中的盐分并没有随着时间推移而逐渐增多。

为什么有各种颜色的海水

大部分的海洋都是蓝色的，但是地球上还存在红海、黑海等其他颜色的海。那么海水的颜色究竟是怎么样形成的呢？

我们知道光有七种颜色，而且这七种颜色有不同的波长，所以它们被海水吸收、反射和散射的程度也不同。红光、橙光和黄光光波较长，具有很强的穿透力，水分子容易吸收。它们射入海水后，随海水深度的增加逐渐被吸收了。一般来说，在水深超过 100 米的海洋里，这三种光，大部分都已被海水吸收。而蓝光、紫光和部分绿光光波较短，具有很弱的穿透力，遇到海水分子或其他微粒时会有不同程度的散射或反射发生，人眼对其中的紫光比较不敏感，因此我们就觉得海水是蓝色的。

至于“红海”，其呈现红色的本质原因是一种叫蓝绿海藻的植物在红海的海水表面繁殖生长。这种植物死后，呈现红褐色。海面上漂浮着大量死去的蓝绿海藻，海水就变成红色的了。而“黑海”的海水流动缓慢，海水很脏，鞭毛虫在海里繁殖生长，看起来就成了黑色的。在极地海洋，海水因甲壳动物的大量繁殖而被染成玫瑰色。一种蓝绿色的水藻生活在波罗的海，使这一带海水看起来像绿色的草原……因此，由于不同的原因，海洋呈现出各种各样的颜色。

为什么水面会起浪

如果你在水边静静地注视着水面，你会发现在没有风的时候，水面几乎平稳如镜，但在有风雨时，水面就会波浪迭起。

表面上看，起浪的原因是风在作怪。而实际上浪是由于能量从一个地方向另一个地方运动而形成的。例如，风就是这样的能量。当风向水施放能量时，水面就会起波浪。河底或者海底的其他能量流动也可能形成波浪。

当你看到波浪起伏时，你会以为水在向前滚动。但是，当你把木块扔在波浪上时，便会发现这木块并不随波浪向前滚动，而是随着波浪一会儿升到浪尖上，一会儿又跌入浪谷里。如果木块向前移动，那也是风的作用或是水在流动。原来，波浪的水粒子是循环移动的。风把它们向上向前推去，而地心引力又使它们恢复原位。这种上下的运动便形成一波一波的浪。

当浪峰扑向岸边，而浪的基底触及离岸不远的水底时，因摩擦作用浪的滚动速度突然减下来，这时浪峰因失去了浪底的支撑而崩塌下来，但浪峰仍会继续运动，扑到岸边而消失。“拍岸浪”就是这样形成的。

兴起波浪的能量也会在波浪冲到岸边后消失。如果你站在海边的海浪里体会一下，就会立即感到，水浪是有能量的！

拓展阅读

潮 汐

潮汐现象是指海水在天体引潮力的作用下所产生的周期性运动，习惯上把海面垂直方向涨落称为潮汐，而海水在水平方向的流动称为潮流。潮汐是沿海地区的一种自然现象，古代称白天的河海涌水为“潮”，晚上的称为“汐”，合称为“潮汐”。

土壤是如何形成的

土壤是植物借以生长的疏松、粉状的泥土。它由非常细小的岩石碎屑和腐烂了的动植物物质组成。岩石的碎屑和粉粒过去曾是岩石的组成部分。动植物物质则来自动植物的遗体。

没有永不破碎和坚不可摧的岩石。岩石的分崩离析称作“风化”。风化过程终年发生，方式也多种多样。冰川顺流而下时，推动前面的大石堆，这样的推碾作用使得岩石崩解。大风刮起沙砾，猛击岩石，会促使岩石碎裂。含有特殊化学成分的水会溶解和侵蚀某些类岩石。温度的变化也常常促使岩石碎裂成小块。岩石遇冷遇热会使其产生裂纹，水乘虚而入，遇冷冻结，又加速了岩石的破裂。甚至植物的根也会引起岩石破碎。有时，树木的种子落入岩石的裂缝中，生根发芽，也会使岩石裂开。

不过，这还只是土壤形成的开端。要形成真正的土壤，还需在沙子或细小的岩石颗粒中加入“腐殖质”才行。腐殖质是来自植物残体的有机物质。

几乎所有的陆生植物和动物尸体通过细菌作用之后都能变为土壤成分。细菌能使动植物腐烂，使土壤有肥力。蚯蚓和许多昆虫也能使土壤肥沃。最肥沃的土壤层在上部，叫作“表土”，表土中含有大量腐殖质。下面的一层叫作“底土”，主要成分是岩粒。

地极会移动吗

地球的自转轴与地球表面的两个地方相交，这相交的两点就是地极，在北半球的称为北极，在南半球的是南极。

地轴并非固定不动，它在地球体内有着持续不断的微小变化。我们知道，地极是地理座标的基本点，地极变动了，经、纬度等就随着变化，尽管这种变化是很小的。

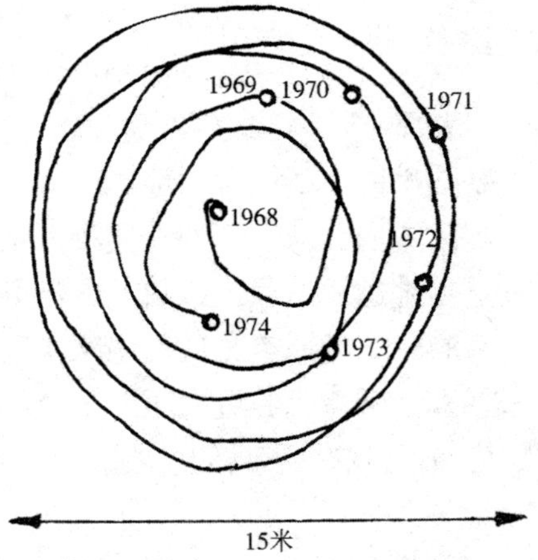

地极的迁移

地极移动主要有两个周期：一个周期约 14 个月，是地球自转时的摆动引起的；另一个是周年周期，主要是由周而复始的大气环流等作用引起的。此外，还存在其他周期。几种周期合起来的综合结果是，极移的范围不超过 0. 4″，1″大体相当于 30 米，可见极移的范围不大。上图就是一段时期内极点的迁移变化。

为什么今天还有冰川

趣味点击

移动最快的冰川

美国阿拉斯加州安克雷奇和瓦尔迪兹之间的哥伦比亚冰川长54千米，宽4.8千米，最高点为910米。1999年它平均移动速度为35米/天，在过去的20年中它的移动速度加快了一倍。

冰川是一条以冰块组成的巨大河流，又称为冰河。在终年冰封的高山或两极地区，多年的积雪在重力作用下挤压成冰块，沿斜坡向下滑形成冰川。两极地区的冰川又名大陆冰川，覆盖范围较广，是冰河时期遗留下来的。

地球上至今还有冰川，其原因是这些地区自冰期以来至今尚未得到一个融化的机会。不过，今天所存在的冰川大都是近期形成的。这类冰川通常是峡谷冰川。

峡谷冰川发源于崖壁陡峭的宽阔山谷，地形就像个大冰斗。积雪有的被风吹入这个地区，有的则因雪崩而从上面的斜坡滑入该地区。这些积雪在夏天也不融化，而是年复一年地越积越厚。最后，来自上面的不断增加的压力和一些融化后又冻结起来的冰一起把空气从这些冰块下部挤压出去，使之变成坚实的冰。上面的冰雪重量所造成的更大压力，最终会挤得这些冰块开始慢慢移动，沿着山谷顺势而下，这种移动的冰块就是冰川。

山脉是如何产生的

山脉是由于地壳的某种变化而产生的。地质学家根据山脉的形成方式，将它们分为四类。

褶皱山是因岩石层受到很大的压力发生褶皱而形成的。这些山的岩石层多呈起伏的波浪形，是因为受地壳的挤压力而形成的。北美洲的阿巴拉契亚山脉和欧洲的阿尔卑斯山脉便是典型的褶皱山脉。

穹窿山脉是由高高隆起的岩层构成的。在许多情况下，是由于地壳内部的巨大压力，上升的熔岩将岩层推起造成的。位于美国北达科他州境内的布莱克山就是典型的穹窿山脉。

断块山是因为地壳的断裂或产生断层而形成的。在出现断裂时，地表层的巨大地块或整块的巨大岩石被掀起。美国加利福尼亚州的内华达山脉就是长 640 千米，宽 130 千米的大断层地块。

火山是由地下喷出的熔岩和灰渣组成的。火山一般呈锥形。山顶有一个大洞，称之为火山口。世界上著名的火山有美国的瑞尼尔火山、沙斯塔火山、胡德火山，日本的富士山和意大利的维苏威火山。

山洞是怎样形成的

山洞与人类历史有着千丝万缕的联系。人们后来得知，早在旧石器时代，当人类还没有其他栖身之处时，山洞便成了人类过冬的暖窝。

然而，人类不再住山洞以后，过了很久还一直相信那些关于山洞的神奇传说。古希腊人认为山洞住着他们的主神宙斯、潘神、普路托和酒神狄俄尼索斯。古罗马人则认为山洞是仙女和女妖居住的地方。古波斯人和其他一些民族却把山洞与对米特拉神的崇拜联系起来。

如今，世界上那些美丽而壮观的山洞几乎都成了旅游胜地。大型的山洞称作“大岩洞”。各种山洞的形成过程是不相同的。很多山洞是因海浪长年拍打岩石，逐渐在岩石上打出空洞。有的山洞则在地下，这些山洞是因地下河流逐渐将石灰岩这样的松软岩石溶蚀后形成的。还有一些山洞是由于火山爆发使地球表面岩层平移变位而形成的。也有的是因灼热的熔岩剥蚀了地表岩层而形成的。

什么是丹霞地貌

“丹霞地貌”是一个地质学上的名词，是由红色岩石组成的山地，而且处处奇峰异石，具有别处罕见的奇异景观。最有代表性的丹霞地貌，是我国广东省仁化县以南 8 千米的丹霞山。“丹霞地貌”一词的来源，也是由于地质学家首先在这里考察研究而得名的。

丹霞山色彩绚丽，山上的岩石都是红色的，衬以清流绿树，更是多姿多彩。尤其是日出时，随着太阳的升高，红色岩石不时地变换着色调，在霞光照射的绿树映衬下，好像是混合着血色的翡翠，却又增添了几分紫色。

丹霞山还以奇险著称，除了它本身远望像一顶僧帽外，所有由砂岩组成的峰林都呈现着奇异的景观，状如狮子、麒麟、金盆、火焰、如来、宝珠、玉笋等等，无一不奇特异常。这里所有山峰，大都崖壁峭立，有如城寨，两山之间“一线天”似的峡谷，更是这里的特色。

拓展阅读

丹霞山的由来

相传人类始祖女娲在丹霞山取水造人即成，在锦江采五色石补天而就，并卧于江畔，脱身成石。舜帝南巡曾在丹霞登山奏乐，命名三十六石，此后历代文人僧侣纷至，香火大盛。隋唐以来成为岭南风景名山和佛教圣地，留下众多诗文、游记，碑刻与摩崖。从此以后，丹霞山被众人熟知。

丹霞山的这些特点，也是所有丹霞地貌的共同特点。那么，它是怎样形成的呢？这是由于富含氧化铁的红色砂岩和砾岩，经历了距今几千万年以前的造地运动和长期的自然侵蚀，才雕琢成现在这个模样的。这类地貌，在世界上虽然不多，在我国却并不少。除丹霞山外，广东乐昌县的金鸡岭、江西鹰潭市西南的道教圣地龙虎山等地，都是其中的代表。

间歇泉是怎样形成的

间歇泉不像其他泉水那样水流不断，而是时喷时歇，歇时一水盈盈，喷时银花万朵，而且间歇的时间极有规律。

有名的间歇泉，以美国的“老实泉”和冰岛的大间歇泉最为不凡。前者在美国的黄石公园中，每隔 66 分钟喷发一次，喷发的高度达 20 余米。由于它间歇的时间极准，从不迟到早退，因而被人们戏称为“老实泉”。后者在冰岛首都雷克雅未克东北约 80 千米的平原上。这个间歇泉每隔 6 个小时喷发一次，每次持续 5 分钟，喷发前泉水先发出声响，如同闷雷一般。

科学家们认为，间歇泉的形成是由于地表下的裂隙粗细不匀而又弯曲，使底部的水在温度增高时只能发生局部的对流作用，在温度继续升高的情况下，水的膨胀力超过上部水的压力，底部的水便化成水汽带动上部的水喷发而出。水汽排出后，温度和压力降低，喷发因而也就停止；停了若干时间，待到第二次升温且膨胀力超过上部压力时，又再次喷发。如此循环不停，就形成了令人叹为观止的奇泉。

海蚀奇观有哪些

海蚀奇观可以说是海滩风光中极其普遍而又独特的一种。旅游者来到大海边，常常可以看见海滩上嶙峋的礁石、陡峭的悬崖、幽深的洞穴等等，这些都叫海蚀奇观。常见的海蚀奇观有以下几种类型。

海蚀崖：海岸在波浪的长期冲击下，被侵蚀成凹穴，穴上的岩石被悬空，悬空岩石崩坠，形成近于直立的岩壁，称为海蚀崖。海蚀崖有死、活两类。死海蚀崖，崖壁渐渐变缓，不再后退，崖面上生长着植物；活海蚀崖的崖面则继续受到海浪的冲蚀，比较陡峭，上无植物生长。活海蚀崖的景观比死海蚀崖显得雄奇。

拓展阅读

台湾野柳的海蚀地貌

台湾野柳的海蚀地貌十分特别，众多蘑菇形的奇石布满了海滨，成为自然奇观。在许多地理教科书中看到的图片都可以在此得以亲眼所见。岩石的基质是沉积岩，石质较松，横向的纹理十分清晰。这样的石头在海浪潮汐、雨水和风的综合侵蚀下，形成了蔚为壮观的海蚀地貌。如今，这个过程还在继续当中。

海蚀平台：海蚀平台是海蚀崖不断被冲刷而残留下来的。在海蚀平台上，往往发育出各种沟槽、礁石、洞穴、拱桥、海蚀柱等。风景多变，奇特迷人。

海蚀柱：海滩受蚀后退，较坚硬的岩体残留在海蚀平台上，形成凸立的石柱或孤峰。大连的黑石礁、绥中的“姜女坟”、北戴河的鹰角石、青岛的石老人、海南岛天涯海角处的“南天一柱”等等，都是著名的海蚀柱景观。

海蚀洞：海岸受波浪冲击，形成面向大海的凹穴。深度可达数十米至数百米。浙江普陀山的潮音洞、梵音洞是我国很有名的海蚀洞景观。

海蚀拱桥：海蚀拱桥又称海蚀拱，海滩上比较少见，是十分奇特的海蚀地貌。它常见于岬角处，因受波浪的强烈作用，海蚀洞被蚀穿而形似拱桥，又称为“海穹”。我国锦州笔架山朱家口村海蚀拱桥是拱桥中的佼佼者，它宛若一座海上仙桥，景色堪称一绝。

海蚀窗：海蚀窗的形成与海蚀洞密切相关。在海蚀洞形成后，波浪继续向洞中冲击，压缩洞内的空气，使洞顶裂隙扩张，最后击穿洞顶，形成与地面沟通的“天窗”，故称海蚀窗。海蚀窗景观在海滩上颇为罕见，普陀山的潮音洞顶有一天窗，可俯听海浪之音。

黄果树瀑布是怎样形成的

黄果树瀑布位于贵州省镇宁县城西南 15 千米处打邦河上游——白水河上。瀑布宽 84 米，高 67 米，壁面近直立，滔滔河水从悬崖顶端飞流而下，直泻犀牛潭。瀑布巨响，如雷劈山崩，远震数里之外。犀牛潭因传说有犀牛登岸与家牛相斗而得名。潭宽 100 米，深 15 米，潭水经瀑布冲击，激起的水柱高达 100 多米。每当夕阳西下时，云雾中便出现美丽的彩虹，与白茫茫的瀑布交相映辉，显得绮丽壮观。晚上由于气温骤降，溅珠凝结下落，如濛濛细雨，降落在黄果树及其附近，于是就有了“夜雨洒金街”的奇景。

黄果树瀑布为何有这样壮观的景色呢？这是因为白水河流经的黄果树地段，是云贵高原的一部分，地形支离破碎，当白水河流经该地段时，河床像台阶一样，节节向下陡落，就形成了九级瀑布，其中最大的一段就是黄果树瀑布。

黄果树瀑布最大流量以每秒近千立方米飞泻，当它从数十米高的层崖之巅跌落下来的时候，云垂烟接，万练倒悬，细似珠帘，粗似冰柱。早在 1638 年徐霞客漫游黄果树瀑布时，就曾说黄果树瀑布“如烟雾腾空，势甚雄厉”，并对其雄伟壮观的气势赞叹不已。

青少年必知的科学知识

物理·化学

QINGSHAONIAN
BIZHI DE KEXUE ZHISHI

物理是一门以实验为基础的自然科学，物理学的一个永恒主题是寻找各种序、对称性和对称破缺、守恒律或不变性。

化学是研究物质的组成、结构、性质以及变化规律的科学。世界是由物质组成的，化学则是人类用以认识和改造物质世界的主要方法和手段之一，它是一门历史悠久而又富有活力的学科，它的成就是社会文明的重要标志。

在生活中随处都会运用到物理化学知识。青少年在了解物理化学知识的时候，要本着实事求是、大胆假设、小心求证的精神，这样才能更深刻地消化更多的科学知识。

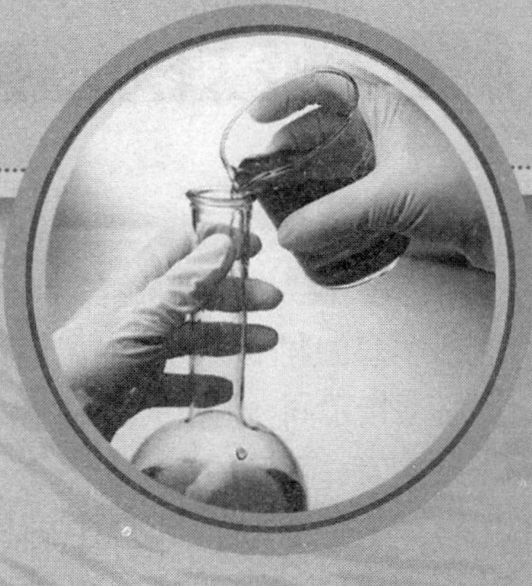

音速到底有多快

声音是由振动着的物体发出的。每出现一个声音，就必然在某个地方有某种振动着的物体。

但是，声音是靠“介质”来传播的，没有介质就没有声音。介质可以是任何东西，如空气、水、物体，甚至可以是大地。如果你制造一个真空，即没有空气和其他物质的空间，那么声音就不能通过它传播。因为声音是以声波的形式传播的。振动着的物体引起靠近它的物体内的分子或质点振动，每个质点又把这种运动传给紧靠着它的质点，如此下去，结果就形成声波。

所以说，如果要问音速有多快，就必须得问：声音在什么介质里面传播？下面是音速在不同介质不同温度下的一些数据。

1. 空气（15℃）340 m/s
2. 空气（25℃）346 m/s
3. 软木 500 m/s
4. 煤油（25℃）1 324 m/s
5. 蒸馏水（25℃）1 497 m/s
6. 海水（25℃）1 531 m/s
7. 铜（棒）3 750 m/s
8. 大理石 3 810 m/s
9. 铝（棒）5 000 m/s
10. 铁（棒）5 200 m/s

此外，千万不要认为强大的声音会比微弱的声音传播得快，因为声音的速度并不受强度高低的影响，音速只取决于它借以传播的介质。

温度计是谁发明的

科学家们想要解决所有有关热和冷的问题，第一步要做的工作是确定一个计量热的方法。于是就有很多人致力于发明温度计。

最先成功的人是意大利科学家伽利略。考虑到温度计要正确指示温度，就应该在相同的温度条件下，必须指示同一温度。伽利略做了一种叫“空气测温器”的温度计。采用了一根玻璃管，管子的一端有一个玻璃泡，管子里边都是空气，把管子和玻璃泡都加热，管子开口的一端放在液体里（如水里）。

玻璃管中的空气冷却后，体积就会变小或收缩，因此液体便上升入管中占据原来空气的位置。温度的变化就可以用管内液体升降的高度来表示。这就是第一个“温度计”，因为它能测量温度。它测量温度的办法是测量管内空气的膨胀或收缩，所以并不很准确，但它毕竟是最早的温度计。

基本小知识

伽利略

伽利略是意大利物理学家、天文学家和哲学家，近代实验科学的先驱者。他的成就包括改进望远镜和其所带来的天文观测，以及支持哥白尼的日心说。当时，人们争相传颂：“哥伦布发现了新大陆，伽利略发现了新宇宙。”今天，史蒂芬·霍金说：“自然科学的诞生要归功于伽利略，他这方面的功劳大概无人能及。”

我们今天经常使用的温度计利用水银的膨胀和收缩来测量温度。水银密封在一个玻璃泡里，玻璃泡又与一根细玻璃管相连。温度上升时，水银膨胀并在管内上升。温度较低时，水银收缩并在管内下降。管子上的刻度能告诉我们温度是多少。

什么形状的物体阻力最小

空气阻力是空气动力的一个分量，主要由摩擦阻力和压差阻力两部分组成。对于摩擦阻力比较好理解，就像拉一个重物在地面滑行一样，如果地面粗糙，阻力就大，拉起来就费劲。要想减小摩擦阻力，首先我们想到的就是要把物体表面和地面搞得光滑一点。那么，压差阻力如何才能减小呢？

由于空气存在黏性，当它流过物体表面时，其速度就会逐渐减小，动能逐渐消耗，终因无力前进而分离，甚至产生旋涡，从而形成前后的压力差阻碍物体前进，这就是压差阻力的成因。如果你把一块圆板横放在气流中，其阻力是很大的，而前后加上锥体后压差阻力可减小 95%。这种形状类似于流线型。由此可见，压差阻力与物体的形状有关。有人将迎风面积相同而形状各异的一组物体，在同一条件下进行风洞吹风实验，结果发现流线型的物体压差阻力最小。

什么是湿度

你有没有发现，从冰箱里拿出来的可乐过一会儿外壁上就会凝聚一层水汽？这层水汽又是从哪儿来的呢？

实际上，空气中总是有以水汽形态存在的水分，空气中的水汽是看不见的。水汽凝聚在器罐的冰冷表面时，就变为可见的了。“湿度”就是指水汽在空气中的含量。任何地方的空气中都有水汽，即使在大沙漠中也是如此。

拓展阅读

生物学中的湿度

在生物学中，尤其是在生态学中空气湿度是一个非常关键的量。它决定一个生态系统的组成。比如，有些动物，如蜗牛，只有在皮肤有一定湿度的情况下才能吸收氧气。

湿度并非一成不变。一般用“绝对湿度”和“相对湿度”来表述湿度的大小。“绝对湿度”是每单位体积空气中水蒸气的含量，即每立方厘米空气中含有多少毫克的水蒸气。但这在实际应用中说明不了什么问题。最常用的是以百分数的形式来表达的“相对湿度”。以100%表示空气中完全充满了水蒸气，达到了饱和状态。气温越高，空气所能含的水蒸气的量就越大。

金刚石有多硬

如果想把一块油灰腻子变得坚实，你该怎么办呢？这时你应该挤压它，挤压得越厉害，它就变得越坚实，大自然就是用这样的方法制成金刚石。

一亿年前，地下存在着大量灼热的液态岩，这些液态岩遭受到极大的热量和压力。液态岩中的碳受到这种压力就变成了我们所说的金刚石。

金刚石是人类所知的最硬的天然物质。既然金刚石如此之硬，那么人们如何加工利用它呢？能切割一块金刚石的唯一东西，只能是另一块金刚石。

切割金刚石时使用的工具是一把刃口由金刚砂制成的锯。现在，金刚石磨轮或切割轮在工业上有多方面的用途，诸如研磨镜片、加工铜及其他金属制的工具以使之成型，以及切割玻璃等。

为什么先看见闪电后听见雷鸣

在电闪雷鸣的天气里，你有没有发现雷声总是跟在闪电之后出现。这是为什么呢？

我们知道，物体可以成为带电体——不是带正电荷就是带负电荷。正电荷与负电荷之间存在极大的吸引力。电荷越大，这种吸引力也就越大。当两种电荷大到一定程度，那时无论什么东西要隔开它们，如空气、玻璃或其他绝缘物质，都会被攻克，即被“击穿”。这时就产生放电现象，即我们看到的闪电。

拓展思考

谁更适合从事电力方面的工作？

经过调查，男性身体比女性身体所能承受的电压要高出 2～3 倍。所以，为了保证电力工作的安全，在电力工作与电路维修中，男性员工要多于女性员工。包括在电器产业方面与高端电子产业方面，应当以男性员工为主。

放电时，周围的空气急剧膨胀，接着又急剧收缩。这一胀一缩使得气流向四处冲击。这些气流的激烈碰撞形成我们听到的雷声。当雷离我们较远时，听起来就雷声隆隆，波动起伏，这是因为声波在云层之间来回反射的缘故。

由于光速约为每秒 30 万千米，而空气中的声速每秒约为 340 米，因此我们总是先见闪电，后闻雷声。

电是如何被人类发现的

电这种奇妙的东西，人们已经研究几千年了。但我们仍然不了解电到底是什么。今天，一切物质都被认为是由很小的带电粒子组成的。按照这种理论，电只能是移动的电子流或其他的带电粒子流。

“电”这个词是从希腊词“electron”（意为琥珀）中来的。早在公元前600年，古希腊人就知道了琥珀摩擦后能吸引小片软木或纸张。但是，直到1672年，人类对电的研究才取得实质性进展。一位叫奥托·冯·格里克的人用他的手攥住一个旋转的硫磺球，借此产生了强有力的电荷。1729年，斯蒂芬·格雷发现一些物质，如金属，可以把电从一个地方传到另一个地方。这些物质就是“导体”。他还发现了其他物质如玻璃、硫磺、琥珀、蜡等不能传电。这种物质就叫做“绝缘体”。1733年一名叫迪·法伊的法国人发现了正电荷和负电荷。尽管他说这是两种不同的电，但这的确是一个重要的发现。

至于电到底是什么，本杰明·富兰克林给出了解释。他的解释是自然界所有的物质其实都含“电流体”。在两个物体摩擦时，这种“流体”从一个物体移走，多余的“流体”流入另一个物体。今天，我们可以说，这种“流体”就是由带负电荷的电子组成的。

电池是怎样产生电的

电池能产生电流是因为化学能转变为电能的缘故。常用的电池有两种。一种叫做一次电池，这种一次电池用过以后就不能复原再用了，除非把电池内的化学制剂更新。普通的干电池（如手电筒内的电池）就是一次电池。另一种叫做再生电池，它可以在电流通过它时再次充电，如汽车用的蓄电池。

一次电池常用各种不同的化学制剂，但发电的原理总是一样的。在每个一次电池中都有两个电极和电解质。电极，或叫作“电池元件”，由两种金属组成，或者一个是金属制的，另一个是碳制的。一般采用液体电解质。

电池元件中的一个元件叫“阴极”，一般用锌制成。另一个叫“阳极”，一般用碳制成。化学作用使阴极慢慢溶解到电解质里，并释放出电子来。如果现在有一条通路，或叫作线路，电子顺着线路流动，这就产生了电流。当使用电线或是其他导体连接电极时，电流就会流过电线或导体，这就是“电”。

所谓蓄电池并不是直接把电储藏起来，而是从化学变化中得到电。蓄电池中有两组极板，一组是金属铅制的，另一组是过氧化铅的。两组都浸泡在硫酸里，同时逐渐变成硫酸铅。正是由于这种化学反应过程，使蓄电池产生了电流。

灯泡是怎样发明的

1800 年，一位叫汉弗莱·戴维的英国人用电做了一些实验。他用的就是我们现在所说的电池，只不过那个电池的电力很弱罢了。他在电池的两端各接上一根金属线，在金属线的另一端各接上一块碳，先使两块碳接触，然后再把它们稍稍拉开一些，这时便发生了“哧哧”响的亮光。

基本小知识

爱迪生

爱迪生是美国发明家、企业家，拥有众多重要的发明专利，被传媒授予“门洛帕克的奇才”称号的他，是世界上第一个利用大量生产原则和其工业研究实验室来生产发明物的人。他拥有两千余项发明，包括对世界产生了极大影响的留声机、电影摄影机、钨丝灯泡等。

与此同时，在美国，托马斯·爱迪生正在用很细的碳丝做实验。当碳丝通过电流时，它便发热发光。如果把碳丝放在大气中进行实验的话，碳便会被烧掉。所以爱迪生把它放在一个玻璃灯泡里，并将其抽为真空。由于灯泡里没有氧气，碳丝也不再被烧掉。灯泡发光很亮，烧损也很缓慢。于是人类就有了电灯泡，它能发出颇为不错的光亮。

爱迪生和他发明的灯泡

科学家们发现，灯丝的温度愈高，发出的光也愈亮。于是，他们便寻找一种材料，能够加热到很高的温度而不熔化。其中之一便是钽，这种金属的熔化温度为 5 160 华氏度。1905 年，科学家们把钽拉成了细丝用作灯丝。

一种更好的作为灯丝的金属便是钨。因为钨的熔点为 6 100 华氏度，起初，没有人能把钨拉成细丝，后来人们花了好多年的时间来开发这种工艺。今天，钨丝灯泡是应用最广泛的灯泡之一。

极光只在北半球出现吗

北极光是自然界最炫目的奇观之一。它出现时，常常伴有来自空中的噼啪之声。巨大而灿烂的弧光照亮夜空，且弧光不停地移动。有时，明亮辉煌的光芒形成扇形向上方散射。有时，一闪一闪的像是些巨型探照灯。有时又急速地上下翻飞，以至被人们称作“欢快的舞蹈家”。再往北，极光宛如一幅幅巨大的火帘，摇摇摆摆地从天而降，同时有红、橙、绿、蓝各色的火焰上下起伏，蔚为壮观。

根据科学测定的结果，这一发光现象发生在地球上空 50 英里至 100 英里处。我们称这种光为“北方的光”，即“北极光”。但是，这种光在南半球也存在，它叫作“南极光”。事实上，这两种光往往都被称作“极光”。

科学尚不能完全肯定极光是何物及其成因。不过据推测，极光是由于上层稀薄大气中的放电现象所造成。极光似乎是集中在地球磁极的周围，而且当极光最光彩夺目时，常常产生电磁干扰。极光与太阳黑子似乎也有某种关系，但机理不明。

如果将一支玻璃管内的空气基本上抽空，然后使电流在这些稀薄的气体中通过，管子内部就会发光。在地球高空所看到的极光可能是由太阳放电并通过稀薄气体所造成。

什么是海市蜃楼

平静的海面、大江江面、湖面、雪原、沙漠或戈壁等地方，偶尔会在空中或“地下”出现高大楼台、城郭、树木等幻景，这就是人们常说的海市蜃楼。

众所周知，我们能够看到一个物体，是由于光线从物体反射到我们眼中所致。通常，这些光线是以直线方式反射到我们眼中的。因此，如果我们极目远眺，只能看到地平线以上的东西。那么海市蜃楼是什么造成的呢？

其实，海市蜃楼是大自然凭借大气中的某些条件在我们眼前表演的戏法。在沙漠中，地面上方有一层起镜子作用的稠密空气。一个物体可能在地平线以下，但是它发出的光线碰到这层稠密空气后，就被反射到我们眼中，我们就会看到这个物体，好像它是位于地平线之上。我们的确“看到”了这个我们眼睛不能看到的物体！当远方的天空被这面空气“镜子”反射出来时，它有时看上去像是一座湖，于是我们就看到了海市蜃楼。

在炎热天气，当你登上一座山顶时，也许觉得前面的路是湿的。这也是一种蜃景！你所看到的其实是来自天空的光线，不过它们正好被路面上的热空气折射过来，因此看上去就像是路面上的水一样。

海上也会出现海市蜃楼，看上去就像是船在天上航行！这是由于水面有冷空气，冷空气上面又有暖空气。远在地平线之下的船所发出的光波被暖空气层反射，进入我们的眼中，所以我们就看到船在天上！

佛光真的是菩萨显灵吗

在我国四川峨眉山的金顶，有一悬空五六百米的断崖，名叫睹光台。过去曾有一些人，不远千里来到这里，毫不犹豫地跳下万丈悬崖，白白送了性命。因此它又被称为舍身崖。

知识小链接

佛教

佛教，世界三大宗教之一，由据今三千多年古印度的迦毗罗卫国（今尼泊尔境内）王子所创，他的名字是悉达多，他的姓是乔达摩。因为他属于释迦族，人们又称他为释迦牟尼，意思是释迦族的圣人。佛教广泛流传于亚洲的许多国家，后在西汉末年经丝绸之路传入我国。

为什么会有人跳下悬崖呢？其实，这些人之所以舍命跳崖，是和睹光台出现的佛光奇观分不开的。所谓佛光，是指佛或菩萨身后环绕头顶的彩色光环。睹光台的“佛光”，大都出现在秋冬午后的晴天，台下形成滚滚云海的时候，人们站在台上，便有可能看见突然出现一个如同佛顶佛光的五彩光环。在光环中，自己的身影还会同时出现。如果移动身体，光环也会随之而移动，但总是牢牢地将影子罩在当中。如果多人观看，每人只能看见一个光环和自己的影子，互不干扰。由于峨眉山是普贤菩萨的道场，佛光的出现，过去便被认为是普贤菩萨向凡夫俗子显圣，凡是看见佛光的人，就是与菩萨有缘，如果立刻投入光环，便会被菩萨接引至西方极乐世界去。故人们才有此舍身之举。

其实，这里所见的佛光，只是一种类似彩虹一样的物理现象。它形成的原因，也是由构成云雾的小水滴的分光作用，将太阳光谱中的红、橙、黄、绿、青、蓝、紫七种可见色光，分解成一个色环，投射到背后云层，再反射回来所致。由于它需要在一定条件下才能形成，很难遇到，在过去缺少科学知识的情况下，才被说成是菩萨显圣。

佛灯是怎样形成的

在峨眉山的金顶四大奇观中，另一难得见到的是佛灯，观看地点也在睹光台。佛灯的出现，须在久雨初晴没有月亮的秋夜。这时，台下深谷中一片漆黑，只见几点绿莹莹的光点，一下子出现于深谷中。它们互相簇拥着，碰撞着，越碰越多，不多时便会布满整个山谷，好像一盏盏天降的神灯，十分奇妙好看。由于它出现在普贤道场的佛山，所以称为佛灯，又称“万盏明灯朝普贤”。

关于佛灯的形成机理，尚无定论。一般认为它是因峨眉山富含磷矿，遇雨释放出磷化氢气体，在空气中自燃，才形成这种类似“鬼火”的光点。但也有不少人认为此说法根据不足，指出在三千多米高的金顶，不可能看见只能在地面飘移的磷火。也有人认为这是天上的星星在云层上的一种反射现象……各种说法都有漏洞，究竟如何，还有待科学家们作进一步的探索。

什么是荧光

很多物质，只有把它们加热后才能发光，如受热的灯丝发光等。但是也有很多材料，无须加热也能发出各种颜色的光。当看不见的紫外线照射到这些材料上时，便会发光。这些材料受光或其他射线照射时所发出的可见光就叫作“荧光”。

“荧光”这个名字来自矿石“萤石”。这种矿石也可以发出各种颜色的光。有些材料仅仅作为气体时才发荧光，也有些作为液体时发出荧光，还有些作为固体时才发荧光。

荧光到底是怎样产生的呢？首先是照射在荧光材料上的“激励”光线必须被这种材料所吸收。这时，这种光线就真正成为一种能的形式。也就是说，这种材料中的原子把这种“能”吸收进去而变成“受激状态”。在很短的时间之后，原子从受激状态又恢复到它们的原始状态。在恢复的过程中，它们就把吸收进去的能量以光的形式放出来，这就叫荧光。

你知道吗

石油的荧光性

石油及其大部分产品，除了轻质油和石蜡外，无论其本身或溶于有机溶剂中，在紫外线照射下均可发光，称为荧光。

由于石油的发光现象非常灵敏，只要溶剂中含有十万分之一石油或者沥青物质，即可发光。因此，在油气勘探工作中，常用荧光分析来鉴定岩样中是否含油，并粗略确定其组成和含量。这个方法简便快速，经济实用。大庆油田就是这么被发现的。

如果把水银蒸汽放到一根内壁涂有一层磷的长玻璃管里，并使电流通过玻璃管，就能产生紫外线。管壁上的磷把紫外线全部吸收后，就变成“受激状态”，之后管子就发出光来了，这就是我们日常使用的荧光灯。荧光可以产生比普通白炽灯产生的白光多大约 4 倍。荧光灯的寿命比白炽灯的寿命长 10 倍。它们还可以制成各种形状。

什么是光学滤波

有人隔着栅栏给正在作案的罪犯拍了一张照片，冲洗出来后发现脸被栏杆遮了很大一部分，公安人员请光学专家帮忙。他们应用光学滤波技术，去掉了人脸上的栏杆，终于使罪犯露出了“庐山真面目”，最终将其抓获。

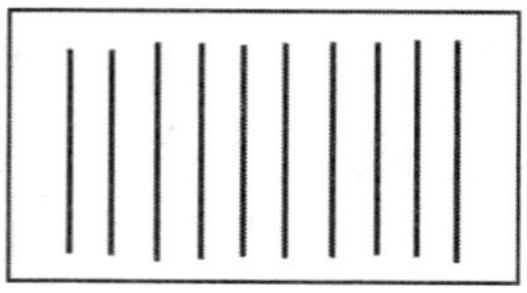

图1

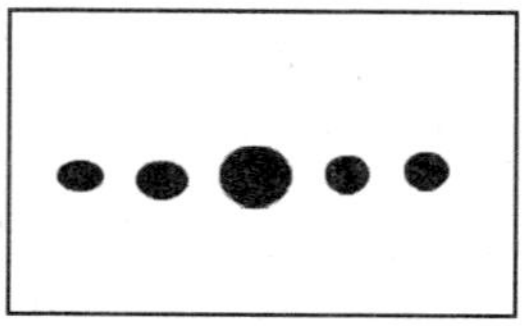

图2

光学滤波技术是现代光学的一门新兴技术。人们通过实验发现，当一束平行的相干光（最好的是激光）透过一个有图案的透明片时，将发生衍射（光线偏离直线传播的现象），用一个透镜把衍射光聚焦在透镜焦平面上，得到一个衍射花样，现代光学把它称为频谱。透明片上的图案不同，透镜焦平面上的谱图也不同，二者还有严格的对应关系。比如透明片的图案是一组彼此平行的直线（如图1所示），则透镜焦平面上的谱图为与缝垂直的一排谱点（如图2所示）。若图案中的平行线转90°成水平，则谱点也相应转90°成竖直分布。若图案是一透光孔（如图3所示），则谱图是一个同心圆环（如图4所示）。

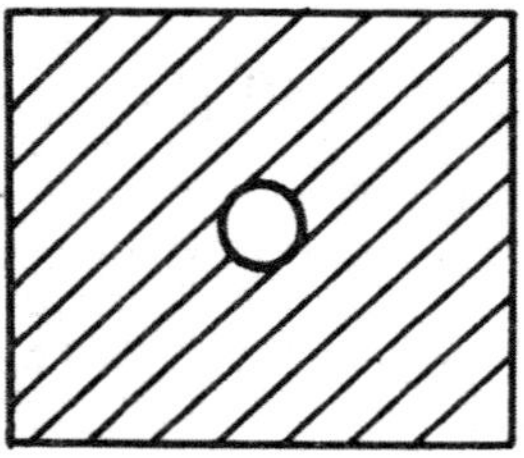

图3

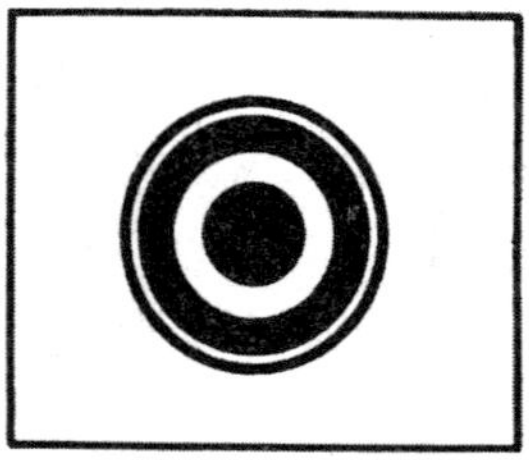

图4

在焦平面之后还可以用一个白纸屏接收到透明片上的图案通过透镜生成的像。整个实验的装置如图5所示。激光经扩束镜扩成一个宽光束，经透镜 L_1 成为平行光，经透明片上的图案衍射，再经 L_2 聚焦于谱面上，并成像于像面上。有趣的事情发生了，若透明片上的图案为一正交网线（如图6所示），其谱是一个“+”字交叉的谱点（如图7所示），像面上得到一个正交网线像（如图8所示）。

这时，若在谱面上装上一个可变宽窄和可变方向的狭缝，当它竖直放置时，就挡掉了全部水平谱点，由于竖直分布的谱点对应的图案是水平线

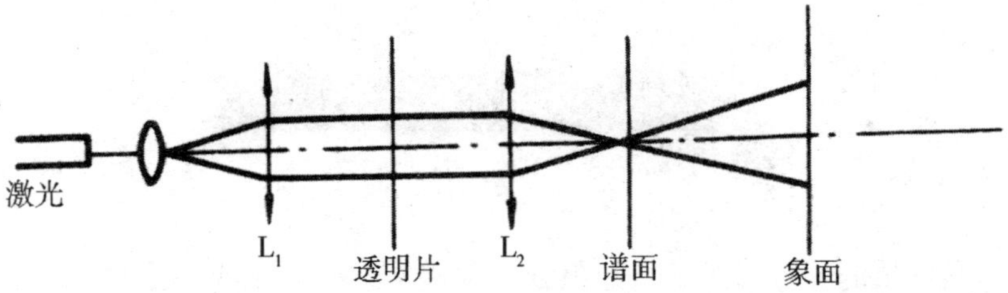

图5

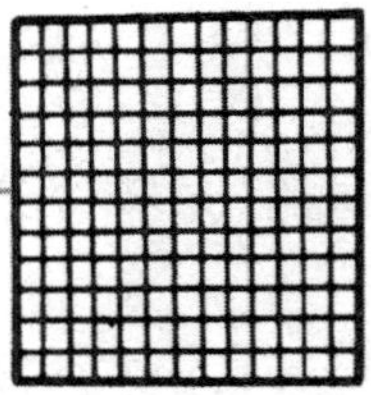

图6

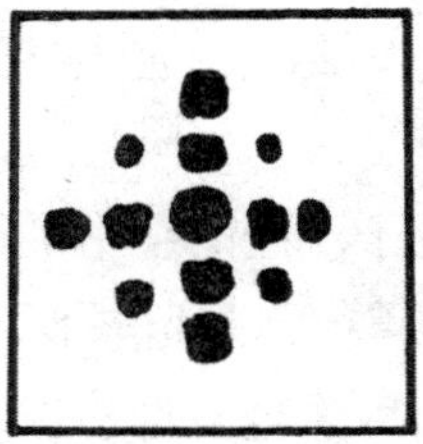

图7

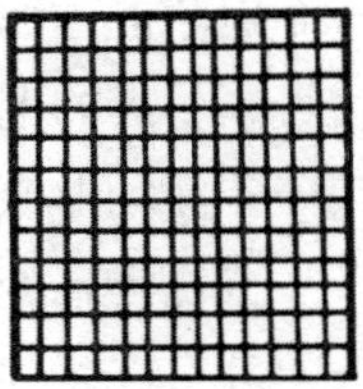

图8

组，故这时在像面上得到的网线像为一组水平线（如图 9 所示）。把狭缝转 90°，只让水平分布的谱点通过，像面上的网线像成为一组竖直平行线（如图 10 所示）。所加的狭缝叫二元光学滤波器。这个实验，就是最简单的光学滤波实验。光学滤波应用十分广泛，加上一个特制的倒相滤波器，还可让因对焦不准而照模糊了的照片变清晰。另外，相关滤波器还可以用在公安部门进行指纹识别，帮助公安人员抓罪犯。

图9

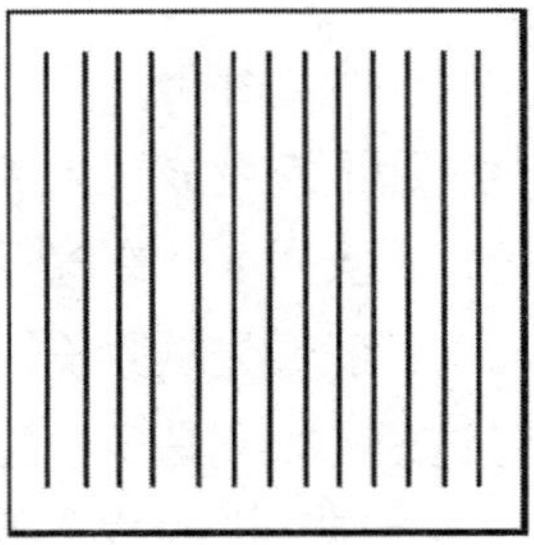

图10

光电池是什么

光是能量的一种形式。当光照到某种化学物质如硒或硅上时，光能就会给这种物质的电子以一个推力。如果两种不同物质碰巧互相接触在一起，有一些电子就会离开一种物质转到另一种物质上。假设把导线接到这些物质上形成一个电流的通路，于是，只要光一直照在这些物质上，这个电流通道就会产生连续不断的电流。

电子的流动形成电流。电子流经的整个通道就称为电路。在有光线照射时能产生或增强电流强度的装置就称为光电池。

光电池有许多种，它们的用途也多种多样。最熟悉的就是用于自动开门装置的光电池。我们接近门时，身体挡住了一束光线，光电池就会发挥作用，通过其他机械控制装置，让门自动打开。光电池在其他领域也有广泛应用，如装在卫星和宇宙飞船上的太阳能电池其实是许多光电池结合在一起做成的。照相机上的曝光表，就是附有一个小光电池的电路的标度盘。这个标度盘能记录通过电路的电流数量。这就可以告诉我们有多强的光照到了光电池上。

什么是放射性

当今世界上几乎没有人不知道放射性。我们知道原子弹试验会产生放射性，因而它就成了人类所面临的严重问题。但是，究竟什么是放射性，它又为什么会对人类有害呢？

让我们先从原子说起。每一种原子的构造都有点像我们的太阳系。只不过这里的太阳是一个原子核，行星则是围绕它转动的电子。原子核是由一个或多个带正电的粒子所组成。

当某种原因使得原子核中放出一个或吸收一个粒子时，放射性就产生了。与此同时，原子会以射线（伽马射线）的形式放出能量。

有些元素本来就具有放射性。这就是说它们的原子在不断地放出粒子。当这种现象发生时，我们就称之为“衰变”。每放出一次粒子，元素就经历一次变化。按照这一方式，放射性元素镭会放出粒子而衰变为其他元素，直到变成铅为止。

科学家们现在已经知道如何产生人工放射性。他们通过用粒子轰击某些元素的原子的方法，可使这些原子开始衰变而产生放射性，从而释放出能量。用来实现这一目的的机器就叫做“原子轰击器”。

知识小链接

原子弹

原子弹是核武器之一，是利用核反应的光热辐射、冲击波和感生放射性造成杀伤和破坏作用，以及造成大面积放射性污染，阻止对方军事行动以达到战略目的的大杀伤力武器。主要包括裂变武器和聚变武器。也有些还在武器内部放入具有感生放射的轻元素，以增大辐射强度扩大污染，或加强中子放射以杀伤人员。

什么是X射线

X射线是1895年由威廉·伦琴在德国发现的，因而有时也叫“伦琴射线”。这是一种与可见光类似的穿透性射线。它与可见光的不同之处是波长和能量。X射线管发出的射线的最短的波长，可以达到绿光的波长的1/1 500到1/1 000 000。由于具有极短的波长，X射线可以穿透光线所不能穿透的物质。因为波长越短的光波，越具穿透性。

X射线是在X射线管中产生的。这个管内的空气被抽出，最多只能留下原有空气量的一亿分之一。管子通常是用玻璃制成，里面有两个电极。一个叫作“阴极”，带有负电荷，里面是一个钨丝绕成的线圈，可由电流来加热以发射出电子。另一个电极是“靶极”，也就是“阳极”。由于两极间的电位差，电子便以每秒60 000英里至175 000英里的速度从阴极飞向阳极。

阳极是一块方形或圆形的钨片，它使电子骤然停止。这些电子能量大部分转换为热能，其中有一些能量则变成 X 辐射，并从下部的一个窗孔作为 X 射线射出。

你是否曾感到奇怪：怎么能拍出人体骨骼的 X 光片呢？X 光片就是 X 光照片。X 射线通过被透视的身体部分而在胶片上投影出影子。胶片的两面都涂有感光乳剂。曝光后，它可像普通照相胶片一样冲洗。骨骼和其他不易被 X 射线通过的部位留下深深的影子，在负片上就呈现为亮区。

今天，X 射线在医疗、科学和工业方面都起着重要的作用，成了人类最得力的助手之一。

什么是原子能

原子能就是从原子中所获得的能量。每一个原子中都有能量粒子。能量把原子的各个部分聚集在一起。对原子能来说，原子核是能源。原子分裂时，这种能量就释放出来。

获得原子能的方法实际上有两种。一种称为“聚变”，一种称为“裂变”。发生聚变时，两个原子变成一个原子。原子聚变后能以热的形式释放出巨大的能量。太阳发出的大部分能量都是来自太阳中所发生的核聚变。这是原子能的一种形式。

另一种形式的原子能来自裂变过程。一个原子一分为二时就是裂变。通过用中子之类的粒子轰击原子的方法，就可产生裂变。原子受到中子轰击时，不是每次都会分裂。事实上，大部分原子是不能被分裂的，只有铀原子和钚原子在适合条件下才会分裂。

一种叫做“U－235”的铀（它被称为铀的“同位素”），受到中子轰击时会分裂，并释放出大量的能量。一块小碎石块大的铀释放出的能量，可以开动一艘远洋轮船、一架飞机，甚至一台发电机。

原子是如何爆炸的

你知道吗

原子的电负性

电负性是以一组数值的相对大小表示元素原子在分子中对成键电子的吸引能力，电负性综合考虑了电离能和电子亲合能，首先由莱纳斯·卡尔·鲍林于1932年提出。元素电负性数值越大，原子在形成化学键时对成键电子的吸引力越强。

如果说原子小到看不见，它怎么能“爆炸”呢？又怎么能造出那么可怕的炸弹，使它成为今日已知最强大的武器？

我们谈到原子爆炸时谈的实际上是能量。能量来自物质。能量和物质是构成宇宙间万物并使万物不断运转的两件东西。

物质由原子构成，而每个原子中都含有能量粒子。能量使原子的各部分得以聚在一起。这个能量太大了，一旦释放出来可以提供巨大力量。举例来说，爆炸同等质量的铀235和煤，前者放出的能量是后者的2 600 000倍！

我们怎么让原子放出它的能量呢？我们必须进入原子的核心，核心是能量的来源。我们靠分裂原子以进入原子核心。这个过程叫“裂变”。

怎么做呢？用来自其他原子的中子来轰击原子。中子是原子内部的一种粒子。但不是轰击任何原子都可以产生裂变的。有时它只释放少量能量。可是用中子轰击铀－235时就会产生大量能量。

可是那只是由一个原子产生的能量。如果我们能使许多原子都同时放出能量又会怎样呢？这要靠所谓的“链锁反应”。用一定量的铀－235做靶子，再用中子来轰击就会出现这种情况：一个铀－235的原子分裂放出一些中子时，这些中子就会撞击另外一个原子的核。这就会释放出更多的中子，中子又会分裂更多的原子，如此循环下去，不到一秒钟就会释放出大量能量，于是我们就会看到一个“爆炸”。

这当然是一个非常简化的解释。可是它可让你明白原子能是怎样取得的。

什么是烟

烟是某些燃料未完全燃烧的产物。这就是说，如果我们日常使用的燃料都能完全地燃烧，地球上就不会有烟！

大多数燃料是由碳、氢、氧、氮以及少量的硫，或许还有一些矿物灰所组成。如果这些燃料燃烧完全，最终的产物应是二氧化碳、水蒸气和游离氮，这些都是无害的。如果燃料中含有硫，燃烧时还会生成少量二氧化硫，这种东西一旦与空气和水接触，就会变成一种腐蚀性的酸。

要完全燃烧，燃料就必须得到足够的空气以便在高温下充分氧化。这样的条件很难达到，特别是对固体燃料更是如此，结果就产生了烟。无烟煤和焦炭由于不含挥发性物质，因此能在燃烧时不冒烟。

但是无烟煤在相当低的温度下就分解，以致会释放出各种气体和煤焦物质，这些物质与灰尘和粉尘结合在一起就产生了烟。

任何城市的空气中都充满了悬浮的固态颗粒。但这并不都是烟，它可能还含有尘埃、植物散发出的物质以及其他别的东西。所有这些东西都在重力作用下逐渐沉积。在小城镇或大城市郊区，这种沉积物一年之内每平方英里可达三四十吨。在大工业城市，它的数量可能大上 10 倍！

烟会产生极大的危害。它损害健康，毁坏财物，伤害植物。在大的工业城镇，它降低了阳光的强度，尤其是人体健康所必不可少的紫外线的强度。如果没有风将烟雾吹散，大工业城市可能会每天都笼罩在烟雾之中。事实上，在烟雾弥漫地区，肺病和心脏病的死亡率往往是逐年上升。而烟对植物的危害更严重，它遮住植物所需的阳光，妨碍植物“呼吸”。更主要的是，烟雾中的酸会直接摧毁植物！今天，许多城市都在采取积极行动以降低烟尘，或是想方设法降低其危害。

什么是烟雾

有些城市中，排放到空气中的各种各样的工业性气体聚合在一起，构成了一种雾，我们称之为“烟雾”。人吸进它就会咳嗽不止。如果烟雾中存有某些刺激性烟气或细小颗粒，它就可能成为有毒的东西。

空气中不论什么时候都有尘埃。尘埃就是可在空气中悬浮的微小颗粒。尘埃可能来自大地扬尘、火山爆发、汽车排气，也可能来自工业性燃烧过程。后者就是你看到的工厂大烟囱里排出的滚滚浓烟。

空气中的粉尘量几乎是令人难以置信的。据估计，美国上空每年大约有 43 000 000 吨粉尘降落下来！在这一数字中，大约有 31 000 000 吨是来自自然资源。其余大约 12 000 000吨粉尘则是人类的活动造成的！

对于这样一个对人身健康至关重要的问题，许多工业城市都在采取强有力的措施以降低空气中的工业性粉尘含量。人们在制造产生粉尘的机器时就给其加上机罩。通风系统、风扇以及电力吸尘装置也在广泛应用。在一些工程中，钻孔时采用了湿钻法，喷水作业也得到了应用。但是，空气中的有害粉尘（即“烟雾”）问题还远远没有解决。

拓展阅读

大气污染对植物的危害

大气污染物，尤其是二氧化硫、氟化物等对植物的危害是十分严重的。当污染物浓度很高时，会对植物产生急性危害，使植物叶面产生伤斑，或者直接使叶片枯萎脱落；当污染物浓度不高时，会对植物产生慢性危害，使植物叶片褪绿，或者表面上看不见什么危害症状，但植物的生理机能已受到了影响，造成植物产量下降，品质变坏。

什么是橡胶

橡胶历史悠久。人们发现的产胶植物化石可溯源到 3 000 000 年以前。人们在中南美洲的印加文化和玛雅文化遗迹中都曾发现橡胶球，这些至少已有 900 年历史了。

橡胶是从称作“胶乳”的乳状液体中提炼出来的黏性的弹性固体。胶乳与普通树液不同，树液存在于植物和树木的皮、根、茎、枝、叶及果实中，但大部分胶乳是在橡胶树枝干的内皮中产生的。

胶乳是由存在于水质母液中的液体、固体或半流体小颗粒组成的。胶乳中只含 33% 的橡胶，其余大部分是水。胶乳中的橡胶颗粒提取出来聚合在一起就形成了橡胶球。

在四百多种不同的藤本植物、灌木和树木中都发现有橡胶。但是每种植物中的橡胶含量相差悬殊。从诸如蒲公英属植物、马利筋属植物和蒿属植物等里面提取橡胶是不合算的。

橡胶树最适于生长在距离赤道 10 度的范围内，赤道两侧各约 700 英里的区域叫作“橡胶带”，其原因是橡胶树需要湿热的气候和肥厚的土壤。产胶最好最多的树叫作“巴西橡胶树”。从树名可以看出，这种树首先见于巴西。今天，全世界天然橡胶供给量的近 96% 是来自这种树，不过现在这种树在“橡胶带”内的各地都有种植。

什么是不锈钢

所有合金当中，钢是最重要的。每年都有千百万吨钢被生产出来，用于生产从工具到钢轨等各式各样的产品。除了碳以外的其他金属元素加在铁内所生产出来的钢就叫作“合金钢”。最重要的合金钢之一就是不锈钢。

据发现，在碳和铁的混合物内，加 10% ~20% 的铬和一些镍，制成的钢就能防锈、不氧化，并能抵制许多酸类的侵蚀。因此不锈钢就是一种加了铬和镍的钢种。不锈钢的使用已扩展到我们日常接触的几百种产品中。它用于桌子、厨房用的刀具、高尔夫球棍的头部、门的把手、轻型夹具、渔具等等。由于不锈钢可以高度抛光，所以有些地方用玻璃镜子嫌太脆时，也用不锈钢来代替。

最早的染料是什么

在南欧的某些洞穴中，有人类在2.5万年前留下的书画，显示出当时人类已经知道从不同物质中取得染料，人类最早使用染料是什么时候？5 000年前埃及建筑金字塔时的染色已是相当古老的艺术。埃及人可说是染色的大师，他们会用各种美丽的色调洗染丝、麻、棉、毛。

染色的染料有树根、树皮、浆果、种子、坚果、青苔、贝壳、动物的血、昆虫的分泌物等。腓尼基人常派染匠到地中海沿岸泰尔港附近的海中，去寻找类似蜗牛的骨螺，骨螺头部后面的液囊能分泌一种白色的黏液，这种黏液涂在织品上放在阳光下曝晒，它的颜色会由白变绿再变蓝，最后变成紫色，然后洗过就会变成不褪色的染料。

古代罗马对泰尔紫的需求量很大，因为它有区分贵族和平民之用。0.5千克泰尔紫的价值在600美元以上！几千年来人类使用的染料都是自然界的产品，大约在100年前才发现焦油可制造染料。焦油是制焦炭时的副产品，以前一直被当成废物，现在人们能利用焦油提炼出数不清的染料和化学品。

如何漂白

漂白是去除或破坏纺织品纤维和其他物质中天然颜色的化学过程，这是一种相当古老的技术，我们对早期的漂白是知其然而不知其所以然，古埃及人用雪白的亚麻布埋葬死人，但是我们不知道他们漂白亚麻布的方法。

我们所知的最早的漂白方法，是把布料铺在漂白物上晒太阳，并且不断滴水以保持潮湿，阳光和水分逐渐破坏其天然颜色。十字军东征后，荷兰的漂白技术大有进步，荷兰人发现用牛奶或碱水洗涤布料，经过数次洗晒会加速漂白过程。

把要漂白的东西浸泡在漂白粉溶液中，纤维中的色素会变成一种无色的化合物，晒干后就会变为白色，漂白纸、亚麻布、棉布等物质常用氯化钙。丝和羊毛的漂白方法则是将其暴露在燃烧的硫磺气体中。

知识小链接

漂白粉

漂白粉是由氯气与氢氧化钙反应而制得。因为绝对干燥的氢氧化钙与氯气并不发生反应，氯只能被氢氧化钙吸附。为此，在工业上系采用含有1%以下游离水分的消石灰来进行氯化，所用的氯气也含有0.06%以下水分。利用这些原料中的游离水分，使氯气水解生成酸，生成的酸为消石灰中和。随后，依靠氯化反应时由氢氧化钙析出的水分，使氯继续进行水解，使更多的氢氧化钙参与反应过程，生成一系列化合物。漂白粉就是这些化合物所组成的复合体。

什么是太阳元素

到目前为止，化学元素周期表中，排在铀之前的92种元素中，已经在太阳上找到和认证出了73种，包括氢、氦、锂、铍、硼、碳、氮、氧、氟、氖、钠、镁、铝、硅、磷、硫、氯、氩、钾、钙、钪、钛、钒、铬、锰、铁、钴、镍、铜、锌、镓、锗、铷、锶、钇、锆、铌、钼、钌、铑、钯、银、镉、铟、锡、锑、铯、钡、镧、铈、镨、钕、钐、铕、钆、镝、铒、铥、镱、镥、铪、钨、铼、锇、铱、铂、金、汞、铊、铅、铋、钍和铀。

在这些化学元素中，唯独氦获得了“太阳元素”的美称。这是为什么呢?

这得从19世纪60年代说起。在相差不长的时间里，法国科学家詹森、英国科学家洛基尔，先后独立发现太阳上有一种地球上还不知道的元素。洛基尔用希腊文中“太阳”一词来称呼它，意思是太阳元素，这就是现在的氦元素。

什么是氧

氧是一种元素，是世界上含量最多的元素之一。它几乎占了地壳元素含量的一半和空气的五分之一以上。氧被吸入肺中，由红血球载着以恒定的流量进入人体细胞。它在那里使营养物燃烧，制造人体这部机器运转所需的热量。生命绝对离不开氧气，没有氧气，人活不了几分钟。

拓展阅读

氧中毒

“氧中毒”一般发生在长期吸氧的病人中。因为长期吸入高浓度氧气也会发生肺泡表面活性物质减少，引发肺泡内渗液，出现肺水肿，出现头昏、面色苍白、心跳加快等诸多问题。更为严重的是，氧中毒当时不容易被觉察，往往在2～3天后才会发生临床症状，此时再进行抢救往往容易贻误时间。

氧极易与大多数元素化合。发生这一反应时，我们就称该过程为“氧化”。如果这一氧化过程进行得极快，就成了“燃烧”。几乎所有氧化过程中都有热量产生。燃烧时，热量释放得太快而来不及扩散，温度急剧升高，就会产生火焰。

所以说，一方面有产生火焰的快速氧化——燃烧，另一方面还有一种氧化，这就是体内营养物的燃烧，它使生命进程得以持续。此外，由空气中的氧气所引起的缓慢氧化则到处可见。铁的锈蚀、油漆的干裂、酒精变成醋等等，都是氧化的作用。

我们吸入的空气主要是氮和氧的混合物。因此，可以从空气中制备纯氧。这是通过将空气冷却到极低的温度直至变为液体的方法来实现的。此时温度在 -149 摄氏度以下。液态空气的温度稍一回升，就会沸腾。氮气首先蒸发出来，氧气就留下了。当人的肺脏非常虚弱时，人工输入氧气可以帮助呼吸，用这种办法已经拯救了许多人的生命。

酸有哪些种类

报纸上经常有关于某人被酸严重烧伤的报道。在实际生活中，我们大多数人都认为酸是危险的液体，能使皮肤烧伤、衣料破洞。其实，这种说法只不过对极少数酸来说是对的。食品中就含有许多种酸，而这些酸是健康所必需的。还有一些酸可用来生产药品、涂料、化妆品和其他工业品。

酸多种多样，但总的来说可分为两类：无机酸和有机酸。这里简要地介绍一下两类中的一些较为重要的酸。

硫酸是一种强酸，也是一种重要的工业用酸。浓硫酸能严重地损伤眼睛和烧伤皮肤。盐酸是另一种强酸，可用硫酸和普通食盐来制取。盐酸可用来制取其他化学药品，又是很好的金属清洗剂。人体可以产生少量的盐酸，用来帮助消化。

硝酸是又一种强酸，能伤害皮肤和眼睛。硼酸则是一种非常弱的酸。意大利盛产天然硼酸。硼酸用来制造陶瓷、水泥、颜料和化妆品。它有时也用作杀菌剂，但效果并不太好。碳酸来自二氧化碳，我们喝的苏打汽水中就有一些碳酸。砷酸用于制造杀虫剂。

有机酸没有无机酸那么强。醋酸含于醋中，苹果汁发酵也可制成醋酸。糖在牛奶中发酵可生成乳酸，它能使牛奶变酸，也可用于制作干酪。

氨基酸能保持身体健康，它们构成蛋白质。橘子、柠檬、葡萄中都含有抗坏血酸，它的化学名称是维生素 C。肝脏、家禽和牛肉都含有烟酸，烟酸有助于防止皮肤病。

你看，酸的种类是多么丰富和复杂。有些酸对人构成危害，但在工业中却大有用场。有些酸是人体所必需，可由各类食物来提供。还有些酸则是为了保持人体机能而由人体自身制造出来的。

广角镜

酸的吸水性

酸是良好的干燥剂。用以干燥酸性和中性气体，如 CO^-，H^-，N^-，NO^-，HCl，SO^-等，但不能干燥碱性气体，如 NH_3，以及常温下具有还原性的气体，如 H_2S。

青少年必知的科学知识

生物·农业

QINGSHAONIAN
BIZHI DE KEXUE ZHISHI

生物是一类物体的集合，而个体生物指的是生物体。其元素包括在自然条件下，通过化学反应生成的具有生存能力和繁殖能力的有生命的物体以及由它通过繁殖产生的有生命的后代。

人们把利用动物植物等生物的生长发育规律，通过人工培育来获得产品的行为，统称为农业。

生物和农业是两个比较近似的学科，青少年在学习这类科学知识时，要时刻警惕，严格地把它们区分开，以免在记忆中把它们混淆。

树木是怎样生长的

像所有的生物一样，树木的生长也需要营养。树木从土壤中获得水分和矿物质，从空气中吸收二氧化碳。绿色的树叶则利用太阳光的能量制造淀粉、糖分和纤维素。所以说，树木为存活和生长，在体内进行着一系列的化学反应。

树的木质部和树皮之间有一层薄薄的不断分裂的活细胞环带，叫作“形成层”。新细胞在这里形成后，靠木质部一侧的细胞就老化成木质部，靠外面的细胞则老化成树皮。这样，树就越长越粗，而树皮却常常开裂、坏死、剥落。

树木不断地长高长粗。在每根树枝的尖梢处都有一群活细胞。在活跃的生长期内，这些细胞不断分裂，产生出越来越多的细胞。这些新细胞不断生长。这样，树枝就越长越长。

一段时间之后，树梢处的这些细胞活动逐渐减弱，树枝的生长也跟着慢了下来。于是，这些新细胞就变成坚硬的鳞苞状物，形成一种枝芽。在冬季，人们很容易在树上发现这种枝芽。

春天，芽苞展开或脱落，树枝又开始生长了。所以，正是靠树中的形成层和树梢上的活性细胞，树木才能年复一年地长粗长高。

什么是叶绿素

如果让你举出使植物有别于动物的一个主要特点，你该怎么回答呢？答案是：植物是绿色的。当然也有某些例外，但是呈现绿色确实是植物的一个基本法则。

可以说，植物呈现绿色是整个世界最重大的事态之一。因为，叶绿素这种使植物呈现绿色的物质，使植物能够从土壤和空气中吸取各种物质并加工制造生命所需的养分。如果植物不能做到这一点，人和动物就会因为得不到食物而无法生存！即使是那些食肉动物也是靠吃别的食草动物为生的。事实上，任何食物只要追根溯源，就会发现它是由植物而来的！

由此可见，叶绿素这种能使植物向人类和动物提供食品的不可思议的绿色物质真是我们的命根子！叶绿素含于叶子的细胞之中，茎和花中也常常含有叶绿素。

依靠叶绿素，植物的生命组织才能从太阳光中吸取能量，并用这种能量将无机化合物转变为有机化合物，也就是“能产生生命现象”的化合物。这一过程称作“光合作用”。英文中的光合作用（Photosynthesis）一词来自两个希腊词，意思是“光”和“放在一起”。

为什么秋天的叶子会变色

如果你在夏天观看一群树木，你看到的只有一种颜色：绿色。而到了秋天，同样的树叶却呈现出五颜六色。这些颜色是从哪里来的呢？

我们先来说说叶子为什么是绿的吧。正像大家知道的那样，叶子的绿色来自叶绿素。叶绿素是存在于每片叶子中的完备的营养工厂。叶子颜色的三分之二来自叶绿素。叶子中也还有其他的颜色存在，不过由于叶绿素数量太大，我们通常就看不出来了。

其他是一些什么颜色呢？一种含有碳、氢、氧的叫做“叶黄素”的物质是黄色。它约构成叶子色素的23%。胡萝卜素约构成色素的10%。另一种色素是花色素苷，它赋予糖槭和红栎的叶子以鲜红的颜色。

在夏季，我们一点也看不到其他颜色，我们只看到绿色。天气逐渐转冷时，树木储存在叶子中的养分开始流向树枝和树干。由于冬天不再生产养分，叶绿素营养工厂关门大吉，叶绿素也就分解了。随着叶绿素的消失，其他本来一直存在的颜色就出头露面了。这时，各种树叶就呈现出其他的美丽色彩！

什么是花

说来也怪，我们观赏一棵植物时常常赞美它的“花”，而实际上我们观赏的“花”很多时候并不是花！如果我们把植物上生长的五光十色的东西都认为是花，那就大错特错了。

比如说，山茱萸“花”的花瓣春天开放，但那根本就不是花瓣。水芋上的白色叶鞘也不是花。一品红又是一个例子，它的红艳艳的“花”实际上是叶子而不是真正的花。

知识小链接

山茱萸

山茱萸是山茱萸科落叶灌木或小乔木。其成熟果实为中药，别名山萸肉、药枣、枣皮、蜀酸枣、肉枣、薯枣、鸡足、实枣、萸肉、药枣、天木籽、山芋肉、实枣儿。

另一方面，草尖上的须芒倒的的确确是花。未成熟的谷穗实际上也是花。植物学家认为，花是植物中具有产生花粉或种子、或是既产生花粉又产生种子这种功能的繁殖器官。只有产子植物才会有花。同时只有植物中的那些与种子的生成密切有关的部位，才能被认为是花的组成部分。

花的香味是怎么来的

花所发出的具体香味是由所含挥发油或其他各种组合物的化学成分决定的。当花瓣中含有某种精油时，花就会具有芳香气味。这些精油是植物在生长过程中的部分产物，是非常复杂的物质。这些复杂物质在一定条件之下分解生成挥发油。就是说，这种油容易挥发，而挥发时我们便能闻到它散发出的芳香气味。

不过，不只是在花中才有挥发油，叶子、树皮、根、果实和种子里也常常含有挥发油。例如，橘子和柠檬就在果实里含挥发油，扁桃在种子里含挥发油，锡兰肉桂在树皮里含挥发油，等等。

花为什么有颜色

万紫千红的花点缀了世界，让大自然变得色彩斑斓。那么花为什么有颜色呢？

其实，赋予花朵红、红紫、蓝、紫和紫罗兰色的是一种叫作“花色素苷”的色素。其他如黄、橘红、绿等颜色则来源于另一些色素，包括叶绿素、胡萝卜素等。这些色素溶解在花朵的细胞液中。它们之间没有化学联系。

无花果有花吗

从无花果的名字看，无花果好像是没有花的。事实究竟怎样呢？

典型的花，由花托、花被（就是花萼和花冠）、雌蕊、雄蕊四部分构成。这四部分完全具备的叫完全花，如桃花；这四部分不完全具备的叫不完全花，如桑树花。

知识小链接

花　蕊

花蕊是花的组成部分，花蕊分雌蕊与雄蕊。以牡丹为例，雌蕊位于花心中央，形状如小石榴，愈长愈裂，开谢时已形成大料瓣形。雄蕊位于雌蕊四周，初开时花蕊丰满、排列整齐，呈中黄色。盛开时蕊露于外，较初开灵活，色为淡黄。将谢时，蕊渐干而卷曲，蕊色乳黄。雄蕊由蕊头和蕊丝组成。蕊丝上接蕊头下接花心，蕊头形似米粒。

一般植物，是花托把花被和雌蕊、雄蕊“抬”得高高的，因此鲜艳夺目，蜂来蝶往，招引人们欣赏。无花果的花却静悄悄地“隐居”在新枝叶腋间，它的雌蕊、雄蕊“躲藏”在囊状肥大的总花托里面。总花托顶端深凹进去，形成一间宽大的“房子”。由于总花托把雌蕊、雄蕊从头到脚包裹起来了，人们看不见，因此认为无花果是没有花、不开花的。

说起来你或许不相信，无花果一年还会开两次花、结两次果呢！当大地回春、草木欣欣向荣的时候，它就蓬蓬勃勃地抽枝发叶，叶腋间开出花来；在秋高气爽、雨水充足的时候，它的枝条又“大踏步”地向上延伸，叶腋间又开出花来。第一次开花结的果子，在当年秋天长大成熟；第二次结的果子，因为天气渐渐冷了，来不及成长，要等到来年春暖花开的时候才能长大成熟。可见，无花果可以在一年之内春秋两季开花。

香蕉有种子吗

我们日常吃苹果、橘子、西瓜等水果时，总是看到有一粒粒种子，可是吃香蕉时，却看不到种子，因此，在人们的印象中，好像它生来就是没有种子的。这样的想法，对香蕉来说，多少有点冤枉。

在植物界里，有花植物开花结子，那是自然规律。香蕉是有花植物的一种，因此，它也不例外。那么，为什么我们常吃的香蕉都没有种子呢？这是因为，我们现在吃的香蕉是经过长期的人工选择和培育改良而来的。原来野生的香蕉也有一粒粒很硬的种子，吃的时候很不方便，后来在人工栽培、选择下，野蕉逐渐朝人们所希望的方向发展，时间久了，它们就改变了结硬种子的本性，逐渐地形成了三倍体，而三倍体植物是没有种子的。

严格说来，平时吃的香蕉里也并不是没有种子。我们吃香蕉时，果肉里面可以看到一排排褐色的小点，这就是种子。只是它没有得到充分发育而退化成这个样子罢了。

三倍体的香蕉没有种子，怎样繁殖呢？一般用地下的根蘖幼芽来繁殖，这就用不到种子了。

冬虫夏草是植物吗

中草药里有一种冬虫夏草（也叫夏草冬虫或虫草），它冬天是虫，夏天却是草，这是怎么一回事呢？原来它是一种和青霉菌类似、同属于真菌的子囊菌纲的冬虫夏草菌，寄生在鳞翅目昆虫蝙蝠蛾的幼虫身体里长出来的。冬天，蝙蝠蛾的幼虫躲在泥土中，这种菌就钻到幼虫的身体内，吸取幼虫体内的营养，萌发菌丝体。从冬季到夏季这些日子里，菌丝

拓展阅读

冬虫夏草的适宜人群

冬虫夏草适宜人群：呼吸困难、肺纤维化、血管硬化、各类肝病、各类肾病、心衰、阳痿、阴冷、肤干、脏燥、失眠、肿瘤、代谢综合征、红斑狼疮、脉管炎、前列腺炎、易感冒等免疫力低下、年老体弱多病、产后体虚者和亚健康状态者。

体慢慢把幼虫内部吃光。到最后，死幼虫只剩下一层皮，里面包的是变得密实的菌丝体（菌核）。更妙的是在夏天，这个菌核生长发育，从“虫”的嘴巴那头伸出一根棒（子座）到泥土上面，这根棒中间肥两头有点尖，表面生出一些小球体，棒里面还隐藏着冬虫夏草的不少后代（子囊孢子）呢！

可见，冬虫夏草可以说是在冬天吃了虫到夏天长出来的一种菌；它外壳是一条虫，里面实际上是一种真菌。

植物消灭虫的现象在自然界里并不是绝无仅有的。人们不仅直接利用吃了虫的菌（冬虫夏草）做药材，而且利用菌灭虫这一自然现象来制定与害虫斗争的一些措施。例如，苏云金杆菌能在一些害虫的肚子里生长繁殖、分泌毒素，使虫不吃不动还得“拉稀”而死。这种细菌对玉米螟、柑橘凤蝶以及马尾松毛虫等许多害虫都有良好的杀灭效果。

动物会哭笑吗

如果你饲养着动物，如猫狗之类的话，你可能非常喜爱它们，有时你还会觉得它们简直“通人性”。这就是说你会觉得它们会像人类一样有感情，会用哭泣甚至笑的方式来表达它们的感受。

但事实不是这样的，哭笑是人类表示感情的方式，其他动物都不会这样。当然我们知道，动物受到伤害时会发出呜呜的叫声，但哭泣是指感情激动、涕泪横流的动作，动物是没有这样的动作的。

不过，这并不是说，动物的眼睛里没有泪水。它们也有泪水，但它们的泪水是用来湿润、冲洗眼结膜的。只有人才有思想，而且易动感情，会哭。小孩子也是在学会思想、学会感受之后，才会哭泣的。小婴儿只会干号，但这不是名副其实的哭泣。

哭可以代替言语。当我们无法说明我们的感受时，我们便会哭泣，哭是一种反射，可以不受我们意志的支配，哭泣可以帮助我们“摆脱”内心感受到的压力。

笑也是一种只见于人类的现象。某些动物会给人造成一种印象，似乎它们在笑，但这与人类的笑毫无相同之处。理由就是人类总是对某些事物发笑，而这意味着笑总是与某种精神活动过程或情感相联系。而动物不可能具有这样的精神活动过程或情感。

心理学家认为笑是一种社会现象。我们生活于人群中，大家又都觉得某些事物逗人乐，这样我们才会感到这些事物可笑。举例来说，当我们为一个笑话，或者一个可笑的场景（如一个又高又胖的男人打着一把小小的伞）而发笑时，我们的头脑中进行着思维活动，我们的情感也在发生变化，由于这些精神活动，我们便觉得这笑话或场景确实可笑。当然上述种种令人发笑的理由对动物来说都是不存在的。

人是怎样感受滋味的

我们人类有味觉，所以进食成为一种乐事。有了味觉我们也就能享受食物的滋味，但味觉的意义不只是让我们进食时感到乐趣，它还能保护我们，使我们不致误食有害于人体的东西。

人类感受味觉的部位是位于舌头上的味蕾，它的形状像个花芽，其中含有神经末梢。那么，我们到底是怎样感受滋味的呢?

其实，我们能感受的是食物中分子的冲撞力。这些能移动的分子刺激了味蕾，我们接收到这些信息并能加以辨别，于是便知道食物的滋味。物质溶解于水中，这些物质的分子在溶液里可以自由地移动，只有这样才能引起味觉。所以，一片玻璃是没有味道的。溶液中的分子活动得越快，味道就越浓。这就解释了为什么滚热食物的味道比冰冷的食物浓。

动物有味觉吗

研究发现，大多数动物和人类一样，都具有味蕾。不过，不同动物的味蕾位置不同，数目相差也很大，这决定于这种动物对味觉的需要程度有多高。举例说，人类的味觉属于中等水平，人有大约 3 000 个味蕾。而鲸进食时，把整群整群的鱼吞下肚去，它的味蕾数很少，甚至有的鲸没有味蕾。说来奇怪，猪在品味方面比人挑剔，它有 5 500 个味蕾。牛有 35 000 个味蕾，羚羊的味蕾数达 55 000 个!

生活在海洋里的动物，它们通常全身都有味蕾。例如，鱼类的身体表面从头到尾全部布满味蕾！蝇类和蝴蝶用它们的胸足来感受味觉，当蝴蝶胸足器伸出来，好吸食这些物质。

蛇和蜥蜴也用舌头感受味道，但所用方式与我们不同，它们将舌尖一伸一吐，来捕捉空气中的粒子，然后舌头将这些粒子送到口腔顶部的一个特殊器官（犁鼻器），犁鼻器有嗅觉和味觉功能。

因此，动物不仅有味觉，而且许多动物的味觉比人灵敏。

趣味点击　人类味蕾的预测功能

俗话说，“鼻闻香臭，舌尝五味”。酸、甜、苦、辣、咸，让人们充分享受美食。然而，如果你在进食时，口中会有异味感，或者不进食口腔内也觉得有异常味道，就得小心了，可能得了某种疾病。

什么是冬眠

土拨鼠是一种典型的冬眠动物，让我们来看看它的生活方式。土拨鼠不像松鼠，它并不贮存食物以备冬天之用。它以植物为食，冬天降临时，食物来源中断。但这时土拨鼠在身体里贮存了许多脂肪，当找不到食物时，它们爬进深深的洞穴里睡觉。它以睡觉度过严冬，靠身体里贮存的脂肪维持生命。

许多哺乳动物，如熊，并不真正冬眠。它们在冬天比夏天睡得更多，但它们的睡眠不像冬眠那么深沉。在风和日丽的冬日，熊、松鼠、金花鼠等会醒过来，并到外面活动。

但真正在冬眠的动物，它们的睡眠却十分深沉，它们睡得几乎像死去一样，这与一般睡眠可大不相同。动物冬眠时，它所有的生命活动几乎停止了。它们的体温降得很低，低到只比巢穴中的空气温度略高一点。

因为如此，冬眠中的动物将它们身体里贮存的脂肪非常缓慢地燃烧。因为它们燃烧的燃料少，所以需要的氧气也少，结果，它们的呼吸变得很慢，心跳也极为微弱。如果洞里的温度降得非常低，冬眠动物便会醒过来，把洞挖得更深，然后钻进去，再沉沉入睡。

春天降临时，湿度、温度发生变化，动物也会感到饥饿，这些都促使它们苏醒过来，然后就从洞里爬出来。

什么叫食物链和食物网

在生物界中，每一种生物都有自己的营养来源，即都有自己的食物。植物利用环境中的营养满足生长需要，植食性动物以植物为食满足生长需求，肉食性动物又以植食性小动物为食，微生物则以分解动植物残骸作为营养来源。这种在一个生态系统内，物质与能量通过食物传送和转移，将不同生物群体联系在一起的关系，称为食物链。多条食物链交错相联，即成为食物网。

鸟为什么鸣叫

鸟鸣是大自然中最可爱的声音之一。有时我们到乡下去，听到鸟鸣啁啾，便会觉得它们似乎在一唱一和，互相呼应，并互相传递消息。

事实上，鸟儿们确实在互相传递信息，就好像许多其他动物那样。当然，有时鸟儿发出鸣声只是为了表示欢乐，就好像我们在高兴时也会喊出声来一样。但在大部分情况下，鸟儿的鸣声是用来通信的。

母鸡咯咯地叫，向小鸡发出警告，让它们知道有危险临近，好蹲伏起来，一动不动。危险过去之后，母鸡发出另一种叫声，把小鸡召集过来。候鸟在夜间迁徙时也要大声鸣叫，用叫声使鸟群不致飞散，让失群的个体跟上队伍。

但鸟类的语言与我们所用的语言大不相同。我们用词语表达思想，这些词语要学习才能掌握。但鸟类的语言是不用学的，鸟儿天生就会鸣叫。举例说，有人做过一个实验，让小鸡与公鸡和母鸡分开生活，它们从小听不到鸡的叫声，但这些小鸡长大后，仍会发出跟其他鸡一样的鸣声，而且鸣叫得与其他随父母一起长大的小鸡一样嘹亮。

这并不是说，鸟类不能学习怎么鸣叫，事实上，某些鸟能学会其他鸟类的鸣声。如果把麻雀同金丝雀一起养大，麻雀就会努力学习金丝雀的歌声。如果金丝雀同夜莺一起养大，金丝雀就会把夜莺的鸣声模仿得惟妙惟肖。我们都知道鹦鹉多么善于模仿它听到的声音。所以我们应该说鸟儿天生就会鸣叫，但学习在其中也起一些作用。

鸭子为什么能浮在水上

我们这里所说的“鸭子”，其实是指一大类鸟，从大家熟悉的家鸭到天上飞的野鸭，事实上，这一大类鸟还包括天鹅、鹅、秋沙鸭、树鸭、钻水鸭、潜鸭和硬尾鸭。

鸭类能浮在水面的原因是，它们的体表覆盖着一层厚厚实实的羽毛，这层羽毛可是滴水不透。鸭类尾部附近有一个腺体，能分泌一种油脂，用来涂在羽毛上，羽毛下还有一层密密的绒毛，对鸭类有进一步的保护作用。鸭类脚带蹼，上面没有神经也没有血管，所以根本不怕冷。

拓展阅读

鸭肉的营养价值以及适宜人群

鸭肉中的脂肪酸熔点低，易于消化。所含B族维生素和维生素E较其他肉类多，能有效抵抗脚气病、神经炎和多种炎症，还能抗衰老。鸭肉中含有较为丰富的烟酸，它是构成人体内两种重要辅酶的成分之一，对心肌梗死等心脏疾病患者有保护作用。

鸭类的腿和脚长在身体的后部，这对划水非常有利。也因为这样它们在陆上行走时却显得摇摇摆摆。鸭类飞行的速度也很快，它们在短距离飞行中速度可达到每小时70英里！

鱼是怎样呼吸的

很久很久以前，地球上还没有人类时，海洋里就已有鱼儿游来游去了，那时鱼是最高级的动物。事实上，鱼类是世界上最早出现的脊椎动物。

一般说，鱼类的身体修长，尾端渐细，呈流线型。人类把船只和潜水艇也造成这种形状，因为这种形状的物体在水中前进时受到的阻力最小，因而速度更快。大多数鱼游泳的动力来自尾部，并用尾和鳍调整方向。除了称为“肺鱼”的种类外，所有的鱼类都用鳃呼吸。鱼用嘴吸水，水流过鳃部又从鳃裂流出。鱼类通过鳃吸取溶在水中的氧，血液流过鳃部之后便富含氧气。这就好像人类用肺从吸入的空气中摄取氧气以净化血液一样。

如果水受到某种污染，有时鱼儿就会试图游到水面呼吸空气，但它们的鳃不大适合于利用空气中的氧气。

什么样的蛇有毒

蛇有两千多种，生活在地上、土中、水里或树上。除了两极地区和某些岛屿外，哪儿都能见到蛇。似乎人们见到蛇时总是感到害怕，原因是蛇的样子、蛇移动的方式和许多人被蛇咬死的事实都令人胆战心惊。

事实上，大多数蛇都是无毒的。它们不但对人无害，而且能消灭害虫害兽，因此对人有益，例如黑蛇、乳蛇、王蛇、束带蛇、猩红蛇等等。

一般被蛇咬的人首先要判断是否被毒蛇咬了，然后才能施救。所以判断什么是毒蛇在日常生活中很有必要。毒蛇都有毒牙，毒牙是空心的，尖端有开口。毒牙生长在上颌，与头部的毒腺相连。即使把毒蛇的毒牙拔掉也不能使它变成无毒蛇，因为它会长出新的毒牙。毒蛇咬猎物时，通过毒牙将毒液注入猎物身体，把它杀死或使它失去知觉，然后把它吃掉。

蛙与蟾蜍有什么不同

蛙与蟾蜍在许多重要的特征方面，是非常相似的。它们都属于两栖类，既能生活于水中，也能生活在陆上；它们都是冷血动物。不过它们之间还是有一些不同的。

大部分的蛙与蟾蜍，在外形上十分相似，常常很难把它们区别开。但蛙的身体瘦长，皮肤光滑，姿态也比较优美，而大部分蟾蜍的身体矮胖，皮肤较干，有许多疙瘩。

几乎所有的两栖类都是卵生的，蛙和蟾蜍也是这样的。蛙和蟾蜍的卵都像浮在水面上的点点微尘，外面裹着一些黏糊糊的物质。从卵里孵出的小小的蝌蚪看起来更像鱼而不像成年的蛙或蟾蜍。

蝌蚪用鳃呼吸，尾巴很长，用来游泳，可是没有腿。卵产出后要经过

3 ~25天才孵出蝌蚪，大约 3 ~4 个月后，蝌蚪失去它们的鳃和尾巴，长出肺和腿。但长成成年的蛙或蟾蜍要花大约一年时间。蛙和蟾蜍寿命很长，有时甚至长达 30 ~40 年！

蟾蜍所产的卵，数目比蛙类少，大约每年产卵 4 000 ~12 000 枚。而雌牛蛙一个繁殖季节就产卵 18 000 ~2 000 枚！有好几种蟾蜍的雄体在孵卵方面起重要作用。例如，有一种产于欧洲的蟾蜍，它的雄体把成串的卵裹在脚上，并带着这些卵坐在一个土穴中，等到蝌蚪即将孵出时就把它们带回池塘里；而南美洲有一种古怪的蟾蜍——负子蟾，雌蟾蜍产卵后，雄蟾蜍把卵放在雌蟾蜍背上！雌蟾蜍背上有许多小凹，上面覆以皮肤，并且充满液体，蝌蚪孵出后仍待在这些小凹里，直到长成小蟾蜍。

为什么萤火虫要发光

萤火虫发出的光与其他类型的光非常相似，只是萤火虫发光时并不生热。这种类型的光叫"萤光"。萤火虫体内有一种物质叫作"萤光素"，萤光素在萤光素酶的作用下与氧结合便会发出萤光。

广角镜

萤火虫的捕捉

捉捕萤火虫一般都采用网兜法。

网兜法是用纱布网兜对夜间在低空飞行的萤火虫进行兜捕。由于此虫飞行速度较慢，它又时刻发出亮光，把飞行轨迹暴露得十分明显，飞行的高度又很低，只要被发现，用网扫去，十有八九都能捕到。

萤火虫发光的目的是什么呢？对此当然有好几个不同的解释。一个解释是，萤光帮助萤火虫找到交配的对象。另一个解释是，萤光警告夜间觅食的鸟，提醒它们萤火虫不是好吃的食物，让它们赶快躲开。

但有一部分科学家认为，萤光也许只是萤火虫体内进行的其他化学过程的副产品而已。发光是偶然伴随化学过程而出现的，并非必不可少的。

蜜蜂是怎样酿蜜的

蜜蜂酿蜜的目的是把它用作食物，所以酿蜜的整个过程就是为蜂群储藏食物的过程。

蜜蜂要做的第一件事就是飞到花朵里吸取花蜜，然后把花蜜放在蜜囊里带回巢去。蜜囊是蜜蜂消化道上的一个膨大部分，正好在胃的前方。蜜囊与胃之间有一片瓣膜隔开。

花蜜还在蜜蜂的蜜囊中时，酿蜜过程的第一阶段就开始了。花蜜中的糖分发生化学变化。下一步便是移去花蜜中的大部分水分，这靠蒸发完成。由于通风和蜂巢里的热量，花蜜中的水分便蒸发减少。

花蜜移放到蜂房中时，大部分水分已蒸发消失，因此蜂蜜能长存不坏。蜂蜜放在蜂房里贮存待熟，以供将来食用。

值得一提的是，蜜蜂采不到花蜜时，也会收集各种昆虫分泌的有甜味的液汁或植物分泌的花蜜以外的液汁。

为什么蜘蛛不会被自己的网粘住

蜘蛛网有黏性，能把苍蝇等飞虫粘得不能动弹，那为什么它不能把蜘蛛也粘住呢？对这个问题的回答会令你惊讶不已：蜘蛛网是能把蜘蛛粘住的！蜘蛛与苍蝇一样容易被它自己的网缠住手脚。

其实，蜘蛛的丝有许多种类。黏性蛛丝织在网中用以捕捉猎物。但也有一种无黏性的蛛丝，用以构成蜘蛛网坚固的辐条状的支架。蜘蛛自己知道

趣味点击

最大的蜘蛛

最大的蜘蛛是南美洲的潮湿森林中的格莱斯捕鸟蛛。它在树林中织网，以网来捕捉自投罗网的鸟类为食。雄性蜘蛛张开爪子时有38厘米宽。堪称“世界毒蜘蛛之王”。

哪些是无黏性的蛛丝，它只需避开那些黏性的蛛丝就行了。它的触觉十分灵敏，所以它能做到这一点。

因此，蜘蛛不被粘住，是它对自己的网“熟门熟路”的结果。它知道该走哪条路。蜘蛛在织网时已在网上留下“安全通道”，这儿的蛛丝是安全的，触碰它也不会被粘住。

为什么牛要向红布冲击

斗牛在西班牙是最受欢迎的运动，在许多其他国家也是一项重要的运动。人们为之如醉如狂。关于斗牛有许多传说，对此他们坚信不疑。

大部分斗牛迷和其他人都相信的传说之一便是：任何红色的东西都会把牛激怒，惹得它发动进攻。因此斗牛士必须带着鲜红色的斗篷，必须能娴熟地使用斗篷。

但事实会扫他们的兴。事实上，即使斗牛士用的是一块白布、黄布、绿布或黑布，他一样能把牛激怒，一样能让牛冲过来，因为牛是色盲！

许多斗牛士也会在私下里承认，他们也知道这一点。事实上，有些斗牛士确实做过一些试验，他们在试验中使用了白布，而牛在白布的撩逗下表现得与用红布时一样。

那么是什么激惹得牛冲过来的呢？是斗篷的抖动，而不是它的颜色。无论你在牛面前摆动什么东西，都能使牛激动起来。事实上，因为牛是色盲，如果你在它面前摆动一块白布或白斗篷，效果可能更好，原因是它看得更清楚！

鸵鸟真会把头埋在沙里吗

鸵鸟是一种颇为奇怪的鸟类，关于它有许多既古怪又有趣的传说。有一个广为流传的说法：鸵鸟受惊时便把头埋在沙里，它觉得这样便是安全地躲藏起来了。按这种传说，这时人能走过去轻而易举地把鸵鸟逮住。

但事实是：没有一个人真见过这样的事。鸵鸟根本不会把头埋在沙里。为什么人们会产生这种想法呢？可能是鸵鸟受惊后，有时会跌倒在地，伸长脖子，一动不动地躺着，目不转睛地看着。但当危险临近时，鸵鸟也同其他动物一样——一跃而起，逃之夭夭。

虽然鸵鸟是不会飞的鸟类之一，但它奔跑的速度很快，这就弥补了它的不足。鸵鸟是世界上跑得最快的鸟，它的时速能达到70千米，并且至少在一千米之内能维持这个速度！

为什么袋鼠有育儿袋

趣味点击

袋鼠引发的医学

1984年，两位美国医生从袋鼠的育儿方法中得到启示，发明了一种养育人的早产婴儿的新方法。早产婴儿的生活力很差，过去都是放在医院的暖箱里养育的。没有暖箱，早产婴儿很容易死亡。这两位医生挂一个人工制造的育儿袋，婴儿放在育儿袋里，又温暖，又能及时吃到妈妈的奶。而且，婴儿贴着妈妈的身体，听着妈妈的心跳，生活力可以大大提高。

袋鼠两条后腿之间有一个育儿袋，对新生的小袋鼠来说，这儿就是它温暖舒适的小小安乐窝。育儿袋的里面衬着软毛，小袋鼠在这儿又暖和又安全。它在这儿吃奶，并且由妈妈带着走来走去。为什么大自然给了袋鼠和其他有袋动物一个育儿袋呢？

这是因为它们的幼崽还没发育成熟便生了下来。刚生的幼崽没有生活能力，事实上，它只是一个粉红色的光溜溜的小肉团，长度不到1英寸，只有铅笔那么粗！你可以想象，如果这么一个不能照顾自己的小东西不是一生下来就放进温暖而安全的地方，会出现什么后果。

袋鼠妈妈把刚生下来的小宝宝放进育儿袋里，在6个月之内，这儿就是它的“家”。6个月之后，小袋鼠长到小狗那么大。在育儿袋里生活真是太舒适了，小袋鼠都舍不得离开。小袋鼠待在袋里，把头伸到外面，由母亲带着到处走。母袋鼠停下来吃树枝时，小袋鼠的头也正好够得到叶子。事实上，甚至在母亲教会它怎么走怎么跑以后，小袋鼠仍在育儿袋里生活。当小袋鼠在地上玩，有危险临近时，母亲会立即跳过去，用嘴把小袋鼠一下叼起，稳稳当当地扔进育儿袋里。

为什么长颈鹿的脖子很长

很早很早以前，长颈鹿就撩起人们极大的好奇心。古埃及人和古希腊人有一种说法：长颈鹿是豹和骆驼的混合物，他们称长颈鹿为“驼豹或鹿豹”。

长颈鹿的身体并不比一匹普通的马长，但它的高度十分惊人，可达 20 英尺，这高度大部分来自腿和脖子。长颈鹿的脖子与人的一样，只有 7 节脊椎骨。长颈鹿的脖子长，脊椎骨数量少，所以不很灵活。长颈鹿要喝地上的水时就必须把四条腿劈得很开，这样它的嘴才能够得着。

著名的法国动物学家拉马克认为，长颈鹿的祖先喜欢吃树木高处枝条上的叶子，总要尽力伸长脖子，于是它们的脖子便越来越长。长颈鹿这种奇特的外形，完全适应于觅食的需要。长颈鹿生活于草类稀少的地方，它仅以植物为食，因为身材高大，所以够得着树上的叶子。

为什么番薯会越藏越甜

大家都有这样的经验，番薯越藏越甜。这是为什么呢？

原来，番薯的块根里含有很多淀粉（平均为 20%），淀粉转变成为糖，番薯就有甜味了。在生长期间，温度比较高，薯块只积累淀粉，糖分很少，而且由于水分比较多，所以这时挖个薯块来吃，甜味较淡。贮藏以后，由于温度渐渐降低，薯块里的物质随之发生变化，淀粉一天天减少，糖分一天天增多，又由于水分减少了，所以番薯就越藏越甜了。当然，藏得太久也不好，因为薯块会腐烂的。

一般贮藏番薯的方法，是在地下挖一个坛子形的窖来贮藏，天热时打开窖口出气，天冷时盖住窖口保暖，可以保证薯块到第二年下种时还是新鲜完整的。

粮食是怎样生产出来的

我们食用的粮食，大都是作物的子实，或块根、块茎等繁殖器官，是作物通过自己的绿色体进行光合作用的产物。光合作用通常用下式表示：

$$CO_2 + H_2O \xrightarrow{\text{叶绿素/光能}} (CH_2O) + O_2$$

上式是光合作用的总反应式，要完成此反应，还有一个复杂的化学反应过程，叫光合碳循环。经此反应循环，把大气中的 CO_2 固定在作物体内，形成糖类有机物，释放出氧气。循环中还有些支路，可进一步转化形成淀粉、蛋白质、脂肪，这些营养物质被运输到作物的生殖器官即子实中贮存起来，形成了人类所需要的粮食。

由上述可知，粮食生产要经过作物的生长发育过程，而作物的生长发育，必须由人类精心栽培，从播种到收获，要经过一个作物生长季的辛勤劳动才能实现。所以，粮食是来之不易的。

怎样识别毒蘑菇

关于如何辨别好蘑菇和毒蘑菇，最好的办法就是别理它。尽管有人会告诉你怎样区分，你也可能知道一些区别它们的方法，但你如果在什么地方发现蘑菇时，千万别吃，甚至连尝也别尝。

人们对蘑菇有很多错误的概念。例如，有的人认为煮蘑菇时如果用银勺搅拌，勺子发黑就是毒蘑菇。这种“检验”是错误的！

还有一种不正确的说法是，有些蘑菇你只要摸一摸就会中毒。

再一种错误的说法是带有粉红色菌褶的蘑菇安全可食。这是由于两种最有名的食用蘑菇碰巧带有粉红色菌褶，而一种有毒的“鹅膏属”蘑菇则带有白色菌褶。实际上，这两类蘑菇之间的这一区别不是总能看得出来的。此外，许多食用蘑菇根本就不带粉红色菌褶。

为什么农作物要适时播种

适时播种是作物丰产的一个关键。因为任何作物的生长发育都必须有一定的环境条件，特别是温度、光照等。不同作物对外界条件的要求也不一样。棉花必须在0~5厘米深的土壤里并且土壤温度达到14℃以上才能正常发芽，长出壮苗，气温低于15℃纤维就停止生长。冬小麦则需要经过40天左右0℃~5℃的低温过程和长日照条件才能开花结实。所以，棉花必须在春季4月中下旬转暖以后开始播种，秋季收获。冬小麦必须在秋后10月份播种，苗期经过冬季的低温阶段，孕穗开花期经夏季的长日照，满足开花结实条件后，才能获得高产。

知识小链接

农作物

农作物指农业上栽培的各种植物。包括粮食作物、经济作物（油料作物、蔬菜作物、嗜好作物）、工业原料作物、饲料作物、药用作物等。

另外，任何作物从种到收都有一定的生长期，才能形成健壮的植株，制造积累充分的营养物质，形成饱满的子实。冬小麦从10月份播种到下年6月初收获需要200多天的生长期，如果播种晚了，麦苗还没有充分发育，到5月份在长日高温的外界条件下，也不得不过早成熟，这种因先天不足的“早产儿”，穗小粒少，产量低。如果过早播种，则因苗期温度高，冬前拔节徒长，以致越冬时死亡，造成减产，所以农作物要适时播种。

贮藏的粮食为什么会霉烂

贮藏中的粮食和种子，在一定时期内，是有生命的，像人一样，是会呼吸的。在呼吸活动进行的时候，吸入空气中的氧，氧化分解粮粒内部的营养物质，产生二氧化碳、水和热能，积聚在粮粒的间隙中。由于粮粒本身的导热性能很差，热量很难传导到粮堆外面散发，慢慢地越积越多，到热量与水分达到微生物适宜繁殖的阶段（一般是温度在20℃以上，相对湿度达80%左右时），微生物就能开始活动，分解和吸收粮食的营养物质。这时候，粮食就会发热，以致变质霉烂。

造成粮食发霉变质的主要原因，是粮食的含水量和粮堆内的温度。一般粮食含水量在13%以上，粮堆温度超过15℃时，粮粒的呼吸活动逐步增剧，散布到粮粒表面和粮粒间的水汽和热量显著增加，就会引起发霉变质。如果是干燥的粮食，即使在气温上升的高温季节，也不会发热霉烂。有时粮食含水量虽然高到17%～18%，而粮堆温度保持在15℃以下时，粮粒的呼吸活动还是非常缓慢，也不致引起发霉变质。

其次，粮食里的秕粒、破损粒、泥块、皮壳等，含水量一般比完好的粮粒高，附着的微生物也多，容易引起粮食的发霉变质。还有一些粮食的害虫，由于消化分解粮食的生理活动，会增加粮粒间的水汽和热量，也是导致粮食发霉变质的一个因素。

向日葵为什么会有秕籽

向日葵顶上那朵大花盘，是由近千朵小花组成的。每朵小花结一颗籽（实际上是果实），所以在成熟后，花盘上密密麻麻的，满是灰白相间的颗粒。但是这些小颗粒中，常常会有秕籽。

这是因为向日葵是一种异花授粉的作物，必须靠蜜蜂等昆虫或微风来传粉。有时很不巧，当向日葵开花的时候，遇上阴雨连绵的天气，昆虫很少在花间出没，结果没法授粉，就不能结籽。向日葵的秕籽，大都是这样造成的。另外，如果播种过晚，开花很迟，由于自然条件的影响，也会因授粉不完全，籽粒结得不饱满。

如果想得到好收成，就要在向日葵开花时，帮助它运输“花粉”——进行人工授粉。向日葵花盘上的千百朵小花并不是同时开放的，是花盘边缘上的先开，跟着里面的再开，中央的最迟，所以往往中央的秕籽最多。所以，人工授粉不是一次就可以完成，要做好多次，每隔四五天做一次，一直到中央的小花开完为止。

人工授粉的方法很简单，早晨向日葵开花时，将靠近的两个花盘面对面地合在一起，轻轻擦几下，这样，两个花盘上的花粉就互相传播了。或者你戴一只工作用的纱布手套，在每个花盘上摩擦几下，这样，手套上沾上的花粉就能传到另一个花盘上。或者用一种扑子来代替手套，也能得到很好的效果。

为什么“甘蔗老头甜”

常言道：“甘蔗老头甜，越老越新鲜。”而事实上确实是这样的，甘蔗的上半截没有下半截甜，特别是梢头，简直就淡而无味。

> **拓展思考**
>
> **甘蔗的鉴别**
>
> 鉴别甘蔗时应掌握“摸、看、闻”的原则，摸就是检验甘蔗的软硬度；看就是看甘蔗的瓤部是否新鲜（新鲜甘蔗质地坚硬，瓤部呈乳白色，有清香味）；闻就是鉴别甘蔗有无气味。霉变的甘蔗质地较软，瓤部颜色略深，呈淡褐色，闻之无味或略有酒糟味。

原来，当甘蔗还是幼苗的时候，生命活动的主要部分是根和叶，根吸收水和养分，输入叶子，叶子吸收了二氧化碳，连同根部送来的水和养分，在阳光下，制造成自身所需要的养料。这种幼苗时期的甘蔗，如果你取来尝尝，梢头和老头都没有什么甜味。但是随着甘蔗的成长，它的内部活动不仅旺盛而且复杂起来了。甘蔗在它成长过程中，需要剥几次叶子。剥叶子的作用，除了更加速甘蔗向上生长以外，主要是使甘蔗的茎秆直接受阳光的照射，因为甘蔗的茎秆，是制造糖分的一个重要部分。

和所有植物一样，甘蔗制造出来的养料，除供自身成长消耗外，有一部分就转化成糖分积贮在根部。由于甘蔗茎秆制造成的养料绝大部分是糖，所以积贮的糖分更加浓。

此外，因为甘蔗叶子的蒸腾作用，需要大量的水分，所以甘蔗梢头总是保持着充足的水分，供叶子消耗，这些水分总是越近梢头越多，而水分的多少，也影响着糖分的单位含量。换句话说，水分含得越多，就越把甜味冲淡了。这就是“甘蔗老头甜”的道理。

为什么有“雨后春笋”之说

一夜春雨后，竹园里常常满地都冒出竹笋，并且几天之内就长成了竹子。所以我们形容某种事物蓬勃发展，就说好像“雨后春笋”一样。

为什么春季下雨后，竹笋长得特别快呢？

原来，竹子是一种属于禾本科的常绿植物，它有长在地下的地下茎（俗称竹鞭）。地下茎是横着长的，中间稍空，和地上的竹子一样有节，而且节多而密，在节上长着许多须根和芽。一些芽发育成为竹笋或竹子，另一些芽并不长出地面，只在土壤里横向生长，发育成新的竹鞭。当竹鞭还嫩的时候，把它挖出来吃，就叫“鞭笋”。在秋冬时，芽在土壤里生长，外面包着笋壳，还没有露出地面，肥大的被采掘出来的就是我们所说的“冬笋”。

地下茎节上的芽，到了春天天气转暖时，就会向上长出地面，外面包着笋壳，我们就叫它“春笋”。但这时候常常因土壤还比较干燥，水分不够，所以春笋还长得不快，有的芽暂时还待在土里，好像箭在弦上还没有射出去一样。下了一场透雨以后，土壤中水分一多，春笋就好像箭被射出去一样，纷纷蹿出土面。春笋出土以后就长得非常快，如果要挖取多余的春笋作为食用，就必须及时，挖晚了春笋就长成竹子了。

什么是种子

一棵植物产生出另一棵同样植物的方式之一，就是通过种子。就像鸟类生蛋繁衍后代一样，植物也会结出传代的种子。

植物的花朵必须受精，不然结出的种子就不会生长。种子成熟之后必须休眠。不同种类的种子休眠期也各不相同。多数种子休眠过冬之后才会生长。

种子有大有小。秋海棠的种子小得像尘埃。椰子则有可重达 40 磅的种子。一些植物只有几十粒种子，而另一些植物，比如枫树，则有成千上万粒。

有些种子为了可以传播开去而有特殊的构成方式。有刺的种子靠挂在动物毛皮上搭乘旅行。扎在泥里的种子粘附在动物的脚上被带到别处。含在果实里的种子则靠人和动物来传播。有些种子生有“翅膀”能被风吹走，有些则在水上漂游，还有一些甚至是从母体中“弹射”出来的。

作物是如何生长发育的

绿色植物能够利用太阳能进行光合作用，制造出多种有机物，这一过程是由植物的基本结构单位——细胞来完成的。作物的生长发育过程，就是细胞的增长变化过程。每种作物都有一个细胞生产中心，叫作植物生长点，专门制造、产生细胞，并且可根据作物的功能需要，生产出各种类型的细胞，这些细胞分别组成作物的根、茎、叶等营养器官。在一定环境条件下，经长期诱导或临时激发，细胞分化并发生质的变化，形成生殖器官，进入发育阶段。

知识小链接

光合作用

光合作用，即光能合成作用，是植物、藻类和某些细菌，在可见光的照射下，经过光反应和碳反应，利用光合色素，将二氧化碳和水转化为有机物，并释放出氧气的生化过程。光合作用是一系列复杂的代谢反应的总和，是生物界赖以生存的基础，也是地球碳氧循环的重要媒介。

作物的根从土壤中吸取矿物质营养和水分，通过茎运送到生长点及叶片，叶片从大气中吸收二氧化碳和光能，进行光合作用，制造有机物，然后再转移到生殖器官供繁衍后代的营养需要，如此循环往复，完成自身的生长发育。

为什么要修剪果树

山沟里的野生果树是从来不修剪的。但是，生长在果园里的果树，不修剪不仅产量很低，而且树冠结构紊乱，管理也极不方便。果树之所以要修剪，有以下几个原因：

第一，果树的发枝能力很强。像桃、苹果等果树的一个芽，一年可以长几次枝条。因此，如果不进行修剪，让它自然生长，树冠很快会密不通风，连阳光也透不进去。果树得不到足够光照，就不能形成很多花芽，产量必然很低。修剪可以解决果树发枝和光照的矛盾。

第二，各类果树各有各的结果特性。梨和苹果是以短果枝结果为主；水蜜桃却以筷子粗的长果枝结果为最好；苹果幼树多腋花芽结果，而成年树却转变为顶花芽结果，等等。为了使果树高产，我们就必须有目的地培养这类理想的结果枝条，利用修剪技术，将能结果的枝条多留一些，而无用的枝条则多剪去一些。

第三，有了花芽，有了结果枝条，如果果树没有坚强的骨骼，大枝都很细弱，即使结果枝条很多，也担不住多少果实，最后仍旧达不到最高产量。因此，还必须根据不同树种的生长特点，从小就要有目的地培养丰产树形，以便在一定范围内，果树能挑起最大产量的重担，而且使寿命延长。这也要靠剪枝去培养。

第四，果树还有一个大小年的现象，结过果的枝条，往往第二年结果很少，要休息一年，甚至两年。为使果树在高产基础上年年保持稳产，其中重要的条件，就是枝条的合理分工，使每年形成一定比例的结果枝和生长枝，内外长短配合好。在这一方面修剪技术也起着很大的作用。

此外，修剪还可以把树上的一些病虫枝剪去，减少病虫危害。

西瓜种子在果实内为什么不发芽

夏天，是西瓜成熟的季节，满载西瓜的车船从产地源源不断地运入城市。有趣的是，在长途运输中，西瓜即使已非常成熟，种子也决不会在瓜内发芽。而其他植物，如采收后的油菜，油菜籽在荚角里遇有适宜的温度和湿度，便会发芽后破荚而出。这是为什么？

原来，西瓜果实的浆汁中，含有大量抑制种子生长的酚类物

拓展阅读

西瓜的食疗作用

西瓜性寒，味甘，归心、胃、膀胱经；具有清热解暑、生津止渴、利尿除烦的功效；主治胸膈气壅，满闷不舒，小便不利，口鼻生疮，暑热，中暑等症，并能解酒毒。

质，如咖啡酸、阿魏酸等。它们能促使植物体内的吲哚乙酸酶含量增加，并催化合成大量的吲哚乙酸。吲哚乙酸是一种植物生长激素，主要是促进植物细胞的分裂和细胞伸长、增加。但它的作用与浓度的大小有密切关系，在低浓度时（一般在 $1\times10^{-6}\sim100\times10^{-6}$）会促进生长，高浓度时（一般在 $100\times10^{-6}\sim150\times10^{-6}$）则抑制生长，甚至杀死植物。

同时，咖啡酸和阿魏酸还会干扰植物体内能量的转化、ATP 的生成，使种子在萌发时得不到必需的能量供应，而处于被抑制状态。只有当西瓜籽离开了浆汁包裹的瓜瓤，用水冲洗后，消除了抑制种子发芽的物质，种子才有可能正常地萌发。在西瓜播种前，瓜农通常将种子用冷水浸泡 4 ~ 5 小时，搓去表面黏液，这样便可提高种子的发芽率。

除了西瓜以外，绝大多数瓜果类以及番茄等种子也有这种特性。

无籽西瓜是如何得来的

西瓜里总是含有一大堆种子，吃的时候，要把它吐出来。现在，人们已培育出没有籽（实际上是有籽的，不过种子还没有发育）而又多汁甜脆的西瓜。

这是人类认识自然、改造自然的结果。原来在自然界里，植物的体细胞的染色体数通常只为性细胞的二倍（性细胞的染色体数称为单倍），所以叫作二倍体植物。只有染色体为偶数倍的植物（如两倍、四倍等）才能产生种子，普通西瓜是二倍体植物，染色体数是 22 个，配成 11 对，所以能传宗接代。

除了极大多数需要开花结籽传宗接代的植物以外，自然界也有一些只结果实不结籽的植物。人们对这些不结籽的植物进行了观察研究，发现它们多半是三倍体植物。所谓三倍体，就是它们的体细胞（根、茎、叶等器官的细胞）的染色体数，为性细胞（花粉和卵细胞）的三倍。

研究发现，有些植物在环境条件剧烈变化下，会发生突变，能使体细胞的染色体加倍，现在人们常用一种生物碱——秋水仙素溶液来处理植物的种子，就能培育出多倍体植物。

无籽西瓜就是三倍体植物，它的染色体数是 33 个，当细胞分裂时，染色体分配不平衡，就造成了严重的不孕，结不出种子来，所以果实里绝大部分是无籽的。

为了培育三倍体西瓜，人们首先用0.01%~0.4%的秋水仙素溶液浸泡普通西瓜的种子，或者涂抹它的幼芽，来获得四倍体的西瓜植株的种子。然后种下四倍体西瓜种子，用普通西瓜做父本，四倍体西瓜做母本，进行杂交，这样就获得了三倍体西瓜种子。用三倍体西瓜种子种植，还不会产生出无籽西瓜。因为三倍体植株上雄花的花粉已失去了机能，没有受精的能力，必须把普通二倍体西瓜的花粉授到三倍体植株的雌花上，才能长出无籽西瓜。所以我们在瓜田里看到，三倍体西瓜和二倍体西瓜混种，有利于昆虫传粉。

为什么韭菜可以多次收割

韭菜是我国特有的蔬菜。它最大的特点就是一年可以收割好几次，所以供应的时间很长，春、夏、秋、冬四季几乎都可以吃到韭菜。

韭菜是一种多年生的草本植物，它在地下长着不太明显的鳞茎，在鳞茎里贮藏了许多营养物质。就是这些营养物质，使韭菜被割掉以后能很快地再生长。并且，韭菜还有一个特有的优点：叶子生长得特别快。当把它的叶割去以后，新的叶子就会很快地再生长。

韭菜在北方多半是春天或夏天播种，春播在4~5月下种，到7~8月就可以定植；夏播在7月下种，要到第二年4月定植。南方多半是秋播（10月下种），到第二年秋天定植。

韭菜定植后经过半年，即可以收割。但是，为了使地下的鳞茎生长得好一些，常常要等秧苗生长一年以后才开始收割。以后每隔30~40天就可以收割一次。如果管理得好，则自春天到秋天可以收割4~6次。

转基因蔬菜是什么

我们知道，生物的遗传性状是由它体内的基因所决定的。基因包含在细胞核的染色体里。染色体由脱氧核糖核酸和蛋白质两种物质组成。而基因就是脱氧核糖核酸分子长链上具有遗传能力的片断，它里面储藏着大量的遗传信息。现在，随着科学技术的发展，人们已经能够通过一定的手段，将生物的基因——DNA 片断进行裁剪，导入到另一种生物体中，从而引起生物体的性状的可遗传的修饰，这就是转基因技术。人们利用转基因技术培育成的蔬菜新品种，被称为转基因蔬菜。

当初，人们利用转基因技术只是为了改变植物的性状和提高它的品质，如增强植物抗病、抗虫、抗除草剂的能力以及提高植物可食部分的营养成分等。后来发展到利用转基因植物作为中介工具，合成人们所需要的有工业和临床价值的外源蛋白，并逐渐形成一种被称为“分子农业”的新型农业方式。也就是说，利用转基因技术，以植物作为“生产车间”生产出人用疫苗或功能蛋白，再通过大田栽培的方式获得来源广、成本低的廉价植物疫苗。这样，人提高免疫能力的方法由过去的打针、吃药变成了食用蔬菜。

为什么除不尽杂草

杂草有顽强的生命力，能耐旱、耐涝、耐寒、耐盐碱、耐贫瘠，地球上到处都有它们的踪迹。田里有了杂草，庄稼就长不好，会影响农作物收成。所以农民要千方百计地除去田里的杂草，但是不论怎么除，杂草仍旧年年不断地长出来。这是为什么呢？

你知道吗

物理除草

利用水、光、热等物理因子除草。如用火燎法进行垦荒除草，用水淹法防除旱生杂草，用深色塑料薄膜覆盖土表遮光，以提高温度除草等。

原来，杂草的繁殖力很强，种类也非常多，人类已经知道的杂草约有 3 万种，在地球上分布很广泛，到处都有。它们一般都能产生大量的种子，而且有的一年之间能繁殖两三代，数量是很惊人的。有些杂草的根、根茎、块茎等也是主要的繁殖器官，往往我们把地面的草除去了，不多久，地下的根茎上很快又长出了新草。有时我们连地下的根茎都挖掉除尽，来一个斩草除根吧，可是还有大量的种子遗落在土地里，不久又会长出大量的杂草。你看，杂草的繁殖力多么旺盛！

杂草不但种子数量多，生命力特别强，而且传播的方式也多种多样，使得杂草无法除尽。例如，稗草种子在水田里可存活 5～10 年，马齿苋，也叫猪草，它的种子在土里近百年还有发芽的能力。有很多杂草的种子虽然被鸟兽吃了，但通过鸟兽的粪便落到地上，照样能发芽。很多杂草的种子很小很轻，给风一吹，飘向四方，到处安家繁殖。有些种子有粘附的能力，能粘附在动物身上或人的衣服上传播到别处去。

杂草有这样顽强的生命力和惊人的繁殖力，所以，农田杂草尽管年年采取各种方式防治，但还是不能除尽。因此，人们还要继续努力研究消除杂草的方法。

为什么除草剂不除掉作物

目前除草剂的种类很多，但按它的作用方式来划分，可分为灭生性和选择性两大类。灭生性除草剂如氯酸钠、砷酸化合物等，它的灭草威力大，但其弱点是“良莠不分”“一刀切”，将接触药液的作物统统置于死地，不能在农田里使用，只能用于除草开荒和道路灭草。

选择性除草剂，它好像孙悟空一样长着火眼金睛，能准确地辨别杂草和庄稼，有选择地杀死杂草，而对作物却秋毫无犯。这主要是由于杂草和庄稼在形态上、生理上以及发育时期等方面存在着差异，这些差异对药剂会产生不同的抵抗力，因而得到不同的灭杀效果。当然，不同的农作物还需选择不同的除草剂。

例如，近年来诞生了一种除草剂叫抗草甘磷，它只杀死杂草，不伤害庄稼，这究竟是怎么回事呢？原来，科技工作者通过一系列的培养，将抗草甘磷的 EPSP 合成酶基因引入到烟草中，使烟草具有抗草甘磷的能力。用抗草甘磷喷洒烟草，便出现了惊人的效果：杂草被杀死了，但烟草却安然无恙，茁壮生长。

另外，科技工作者还把抗草甘磷的 EPSP 合成酶基因转入到矮牵牛植物的细胞里，抗除草剂基因也得到高效表达。因而，这项技术成为粮食作物中引进选择性除草剂耐受性策略的基本方法。

现在，农业科技工作者已获得了抗特定除草剂的一些转基因蔬菜、油菜、大豆、棉花等，使除草剂能真正地辨别杂草，将杂草杀灭。

为什么蚜虫多了叶子会卷起来

我们常看到棉叶上的蚜虫多了，叶子就会卷成一团，这是什么原因呢？

原来蚜虫的嘴像一根针，它能刺进植物组织里，吸取植物的汁液。别看蚜虫个小，食量却很大。另外蚜虫还怕见阳光，所以大都集中在叶子的背面。这样一来，长满蚜虫的一面，水和养料损失得厉害，植物细胞组织的生长就停止了。而没有蚜虫的一面，还能继续生长。这就使叶子的正反面生长速度不同，生长快的一面向生长慢的一面卷过去，因此蚜虫也被卷在叶子里，既可避免风吹日照，同时又可减少天敌的侵袭。

什么是以虫治虫

在生物界里，生物间相互制约的现象是普遍存在的，每种昆虫都可能有自己的天敌，如果我们能够利用某些害虫的天敌昆虫来对付这些害虫，就能达到防治害虫的目的，这种方法称作生物防治，也就是一般所说的“以虫治虫”。

基本小知识

天　敌

天敌是天然的仇敌。自然界中某种生物生性捕食或危害另一种生物，前者就是后者的天敌。如猫是鼠的天敌，寄生蜂是某些作物害虫的天敌，噬菌体是某些病毒的天敌。

天敌昆虫对付害虫的办法，一是捕食，二是寄生。通过这些办法，天敌昆虫能大量地消灭害虫。例如，以“双刀”著称的螳螂，它是昆虫界的数学专家，能在0.5秒的一瞬间计算出飞过它眼前害虫的速度、方向和距离，所以能一下子就捉住害虫并吃掉；小茧蜂有一套“钻肚皮”的本领，它看到菜青虫以后，用尖锐的产卵管迅速刺进虫体产卵，菜青虫开始没有什么反应，可是不久，体内寄生的卵孵化，小茧蜂出世的时候，菜青虫也就完蛋了，等等。

以虫治虫的生物防治方法，其特点是不会污染环境，而且一经引进天敌昆虫后，这些天敌昆虫不断地滋生繁殖，对害虫起着抑制的作用。一般害虫对杀虫剂都有抗药性，而对天敌昆虫则无法对抗，所以，在害虫的综合防治中，以虫治虫是一个重要的组成部分。

为什么音乐能促进植物生长

在养牛场或养鸡场里播放动听的音乐，可刺激乳牛多产奶、母鸡多生蛋，那么，音乐能否刺激植物生长呢？答案是“能”。

科学家的大量实验证明：音乐能促进植物生长是由于声波的刺激作用。我们知道，植物的叶片表面分布着许许多多的气孔。气孔是植物与外界环境进行气体交换和蒸腾水分的“窗口”。当音乐播放后，音乐的旋律经空气传播会产生有节奏的声波振动，声波振动刺激植物叶片表面的气孔，可增大气孔开放度。气孔增大后，植物吸收的光合作用的原料——二氧化碳增加了，使光合作用更加活跃，合成的有机物质不断增加；同时，植物的呼吸作用也得到增强，为植物的生长提供了更多的能量，这样植物便显得生机勃勃了。

当然植物对音乐也有选择，一般来说，声音尖脆、振动频率快，刺激效果就比较好。在国外，有些国家就采用高频率的超声波（每秒钟振动在2万次以上，超过人的听觉范围），来刺激马铃薯、甘蓝、麦类、蔬菜、苹果以及其他植物，都获得显著的增产效果。但是，植物对超声波并不是多多益善。实践证明：少量超声波可以刺激细胞分裂；中量会抑制细胞分裂；大量就会引起细胞死亡。

什么是生态农业

在我国浙江、江苏、广东等地农村，人们挖塘填基，塘中养鱼，基上栽桑，桑下种草，以桑养蚕，用蚕粪、牧草喂鱼，塘泥肥桑，形成了一个合理、高效、稳定的人工生态农业系统。这种人工生态农业系统，人们称它为“桑基鱼塘”。

在这里，“桑基鱼塘”构成了一个奇妙的生物食物链：桑树是生产者，蚕是一级消费者，鱼是二级消费者，鱼塘中的微生物则是分解者。在这一食物链中，物质周而复始，循环不断，废物也得到全面利用。现在“桑基鱼塘”的生态模式，已被联合国粮农组织誉为“最佳人工生态系统”。

生态农业既改善了生产生活环境，又开辟了能源，使环境污染、能源浪费、土地资源的破坏降低到最低限度，从而获得了经济、生态、社会三个效益的高度统一。所以说，它是一种久兴不衰的现代农业模式，在未来农业中将占主要地位。

知识小链接

蚕

蚕，是蚕蛾的幼虫，丝绸原料的主要来源，在人类经济生活及文化历史上有重要地位。原产中国北部，主食为桑叶，也可用鹅菜补充。茧是由一根长度为300～900米连续的丝织成的。家蚕的虫及蛹可以食用，并有食疗功效。

什么是现代化设施农业

传统农业在很大程度上受到环境条件的限制，如温度、雨量、土壤以及病虫害等，都会影响农作物的生长和收获。随着现代城市向周边地区不断扩展，城郊可耕地的范围逐渐缩小，现代化设施农业应时而生。

现代化设施农业是通过采用现代化农业工程和机械技术，改变自然环境，为动植物生产提供相对可控制甚至最适宜的温度、湿度、光照、水肥和气等环境条件，而在一定程度上摆脱对自然环境的依赖进行有效生产的农业。它具有高投入、高技术含量、高品质、高产量和高效益等特点，是最具活力的现代新农业。现代化设施农业是涵盖建筑、材料、机械、自动控制、品种、园艺技术、栽培技术和管理等学科的系统工程，其发达程度是体现农业现代化水平的重要标志之一。

现代化设施农业的发展给人们带来了新的“口福”：青绿油亮的黄瓜，看上去像涂了一层蜡，吃起来鲜嫩无比；光洁红艳的番茄，大的三四个有 1 千克重，小的却如樱桃，特别可爱；还有甜瓜、辣椒、西瓜……这些新一代的生产蔬菜瓜果的工厂，其实离我们的生活并不遥远，仅在上海，就有十来个，它们不仅生产优质的农产品来供应市场，而且还是人们节假日观光休闲的好去处呢！

农田林网、林带对作物生长有影响吗

“林占地，树胁地”是人们对植树的习惯看法，种在树附近的作物生长差，产量低，是显而易见的事实。但是人们忽视了另外一个事实，那就是在林带的保护下，改善了农田小气候，减少了旱、寒、风等自然灾害，可使作物大面积增产。

据实验证实，林网内因胁地而减产的面积为 8.6%，平产的面积为 19.7%，而增产的面积为 71.7%。一般条件下，林网保护下的作物平均增产 20% ~30%。所以，林网、林带与农作物的关系可总结为“胁地一条线，增产一大片”。如果结合农田基本建设，实行沟、渠、路、林、田统一规划，把树栽植在沟渠路边的空地上，距田中作物较远，那么林网、林带占地、胁地的影响就更小。所以，林网、林带对作物的生长是以一害换百利，有利于促进作物增产。

鸡为什么要吃小虫子、小石子

如果你注意观察那些散养的鸡，你会发现它们在吃过食以后，还会寻找小虫子和小石子来吃，这是为什么呢？

原来，鸡是杂食性动物，既吃植物性食物又吃动物性食物，还吃矿物性食物。鸡只吃植物性饲料如粮食及蔬菜类满足不了对蛋白质的需要，而小虫子含动物性蛋白质较多，所以鸡要吃小虫子来补充蛋白质。

鸡没长牙，无法靠牙齿磨碎食物。鸡长有特殊的消化器官——肌胃。胃壁肌肉很发达，肌胃内覆盖坚实的角质膜（药名鸡内金），肌胃内常有随食物一起吞进去的沙石，一切坚硬的饲料均靠肌胃内的沙石磨碎来代替牙齿的咀嚼作用，因此，鸡吃小石子以提高消化能力。否则，消化能力将会降低。散养鸡自由觅食，可吃到小石子之类的矿物质饲料，如果是笼养鸡，一定要在饲料中特意加一定比例的沙石类物质。

趣味点击

十二生肖中的鸡

鸡对人们的生活有重要影响，所以能够在十二生肖中占据一席特殊的位置。它是唯一的禽类，而且与“六畜”中的排位相仿，稳稳地坐在了犬和豕之前。生肖出现于何时，至今不明。很可能在传说中的黄帝时代，就已经出现了其萌芽。

打鸣母鸡是不祥之物吗

过去的人们认为打鸣的母鸡是不祥之兆，那么真的是这样吗？母鸡为什么会打鸣呢？

其实，母鸡打鸣是体内性激素分泌失调，雄性激素增多，雌性激素分泌相对减少而引起性变态的结果。所以，打鸣母鸡并不是什么不祥之物，更不

趣味点击

牝鸡司晨

商纣王进攻苏国得到美女“妲己”，妲己看到蚂蚁爬上铜火盆被烫死，就告诉商纣王，纣王命人做两根铜柱，把犯人绑在铜柱上，用火烧热铜柱叫“炮烙”。周武王姬发灭掉了商朝后感慨地说老母鸡一旦打鸣，家境就要衰落了。

会给主人带来凶兆。如果在鸡群中出现这种现象，不要大惊小怪，更不要有迷信思想，而应用科学的方法加以解决。要说服不明真相的人们，一旦发生这种现象时，即给打鸣母鸡喂服乙烯雌酚，增加其体内的雌性激素含量，就可消除这一现象。

骡子是如何繁衍的

骡子是由马、驴杂交产生的后代，公驴配母马生的叫马骡，公马配母驴生的骡叫驴骡。我国广大农区，特别是河南、河北、山东、陕西等省都有养骡的习惯和繁殖骡的经验，喜欢用骡作为拉车耕地的役畜。

骡子不能下驹，不能繁殖，虽然公骡也有性欲可以交配，母骡也有发情排卵现象，可以接受交配，但不能受胎，不能产生后代。这和骡子生殖细胞发育不全有关。当然极个别的情况下，母骡偶然能恢复生殖能力，有的母骡可以和马、驴配种产生后代，但这只是个别现象，目前尚不能掌握它的规律。

青少年必知的科学知识

人体·医学

QINGSHAONIAN
BIZHI DE KEXUE ZHISHI

医学是保证人体处于良好状态的学科，以治疗和预防人体生理疾病和提高人体生理健康为目的。狭义的医学只是疾病的治疗和机体有效功能的极限恢复，广义的医学还包括中国养生学和由此衍生的西方营养学。

由医学的定义中，青少年可知医学的研究对象是人体，无论医学怎么发展，都是以治愈人体疾病为最终目的的。

所以说，青少年要多关注一下医学方面的科学知识，这不仅仅是增长科学知识那么简单，也许在了解医学知识的同时，还能检查出自身身体状况，并以科学合理的方式来获得更加强健的体魄。

人体是如何生长的

所有生物都在生长，在结构上（包括外形、大小和内部构造）和在功能上（生物能进行的种种活动）都在不断地发展。促成这种生长的最重要的力量存在于生物的内部，是与生俱来的，被称为遗传。人类一般要生长到20岁左右才算成年。

人类出生时，婴儿体内已经有了全部神经细胞——包括脑、脊髓和周围的一切神经细胞。这些细胞间建立联系后婴儿才能控制自己的动作，学习，和像社会中其他人一样行动。所以，所有人的生长都很相似，可是仍有重大区别。男孩女孩的生长既遵循一般规律，但又各有本身独特的规律，速度也不相同。

人体在出生后几周内生长最快。但快到一周岁时，一般生长速度就不这么快了。在整个儿童期，生长速率中等，然后生长再次加速。女孩通常在11～13岁间开始；男孩是在12～14岁间开始。在一段时间内，他们越长越快。待达到高峰时，又逐渐缓慢下来，直到身高不再增长为止。这时他们的身材大小已成定局。

一个人的体重和身高是轮番增长的。他可能是先在高度上长了一阵，然后再长宽。许多人都有一个“圆脸小胖子”的阶段，这大概发生在11岁或12岁。随后几年，身高又往上蹿，小圆脸则消失了。

人为什么会停止生长

在人体内有一套腺体系统，叫内分泌腺，它控制着人的生长。内分泌腺包括颈部的甲状腺、脑子上的脑下垂体、胸部的胸腺和性腺等。脑下垂体刺激骨骼生长。如果这个腺体活动亢进，我们的四肢就会长得过长，手脚也会变得过大。如果这个腺体活动不足，那么我们就会成为侏儒。

孩子生下来时胸腺很大，在儿童期间胸腺持续增大。当儿童达到13岁或14岁时，胸腺开始缩小。胸腺和性腺之间可能存在某种关系。只要胸腺还在活动，性腺就不发达。而性腺发育时，胸腺就停止工作。正因如此，人到了

22 岁左右达到性成熟时就不再长了。

知识小链接

内分泌腺

内分泌腺是没有分泌管的腺体。它们所分泌的物质（称为激素）直接进入周围的血管和淋巴管中，由血液和淋巴液将激素输送到全身。人体内有许多内分泌腺分散到各处。有些内分泌腺单独组成一个器官，如脑垂体、甲状腺、胸腺、松果体和肾上腺等。内分泌腺分泌的各种激素对机体各器官的生长发育、机能活动、新陈代谢起着十分复杂而又十分重要的调节作用。

有时候，性腺发育得太早，终止胸腺活动太早了。这常使人的身高低于平均值。因为我们的腿长得晚，却又要比身体其他部分增长得多，于是这种发育过早就造成一个人的腿过短。正因如此，发育太早的人常常是短粗型。拿破仑就是这类人的一个例子。

如果性腺发育太晚而胸腺继续活动，这个人就会变得比平均值高。事实上，我们即或到了 25 岁之后也还会有轻度增高，而直到 35 岁或 40 岁时才达到最高点。此后我们每 10 年又要缩下半英寸左右，缩的原因是关节和脊柱中软骨随着年龄的增大而逐渐脱水。

为什么男子会长胡须

我国有句俗话："嘴上无毛，办事不牢。"男人的胡须也就被附加了更多意味深长的内涵。胡须是表示雄性特征的，男人胡须的生长，表示男人在性生殖上已趋于成熟。

胡须是男人性别特征的一个标志，也是成熟男人魅力的体现。胡须的生长受男子体内雄激素水平调节。进入青春期后，睾丸在下丘脑、垂体分泌的促性腺激素作用下，具备了产生精子与分泌雄激素的功能。雄激素能选择性地作用于身体某些部位，促进毛发生长。雄激素作用于下颌部，促使该部的毛发生长，男子就会长出相当多的毛，称为胡须。

胡须的种类是各异的，有长髯，有“山羊胡”，有络腮胡……胡须的作用是什么呢？除了标志男人性别，胡须还是可以美容的。然而这种美化越来越让人感到累赘，不如去之而后快。所以，现在留胡须的人越来越少了。时常见到的是，理发修整面部，把胡须用剃刀刮去，保持洁净和卫生。

人为什么会感到饥饿

饥饿并不像人们想的那样，它和胃脏空虚没有关系：新生儿的胃是空的，但几天之内它并不觉得饿；得病发烧的人胃是空的，也并不觉得饿。

基本小知识

血 液

血液是流动在心脏和血管内的不透明红色液体，主要成分为血浆、血细胞。属于结缔组织，即生命系统中的结构层次。血液中含有各种营养成分，如无机盐、氧以及细胞代谢产物、激素、酶和抗体等，有营养组织、调节器官活动和防御有害物质的作用。

我们觉得饿时，身体并不是要求某一种特殊的食物，而只是泛泛地需求一般营养。可是我们的食欲却注意到不要光用一种食物来解决“饥饿感”，因为光吃一种食物不利于人体健康，举例来说，要让我们光吃土豆来满足营养需求就太难了。可是如果我们先喝足了汤，再吃够了肉和菜，最后再吃小吃，那么我们可以吃进不同的食物来满足营养需求，而且还吃得有滋有味！

血里缺了某些营养物质时，饥饿就开始了。当血管里少了这些东西，就有个信息送到脑子里一个称为“饥饿中枢”的地方。这个饥饿中枢就像是胃肠的控制闸。只要血里的食物充足，饥饿中枢就使胃肠活动放慢。一旦血里缺乏食物时，饥饿中枢就让胃肠增加活动。于是饥饿的人就总觉得胃在“咕噜”。

食物是怎么消化的

光把食物吃进身体是不足以维持生命和生长的。食物必须经过改变才能被身体利用，这个过程叫“消化”。

食物在被咀嚼和吞咽过程中消化就开始了。消化道是一个贯穿身体全长的弯曲管道，在整个消化道中消化活动一直在进行着。全部消化道是连续的，但各部分的工作方式是不同的。由口腔向下就进入较宽的咽部，这是食物和空气的共同通道。食管贯穿胸腔上下，连接咽部和胃。胃则导向小肠。而消化道的最后部分是大肠。

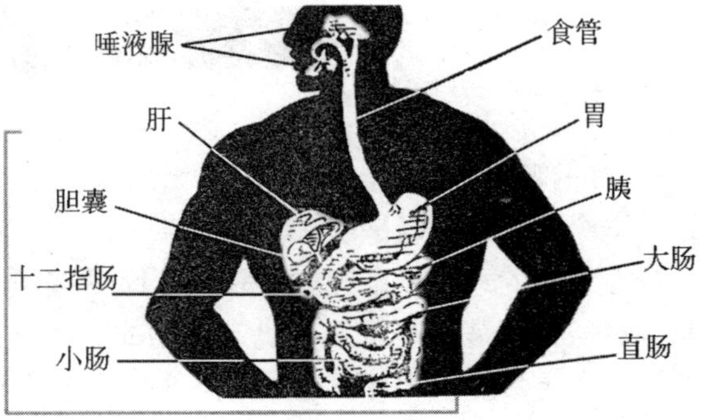

人体的消化系统

以玉米为例给你介绍一下消化过程中食物经历的变化。在口腔中，唾液协助分解淀粉。玉米在口腔内被粉碎并润湿后，就经过咽部和食管进入胃。大部分消化过程是在胃里进行的。胃壁分泌的液体同食物混合，其中包括盐酸。再一个是胃蛋白酶，它帮助把蛋白质分解成更简单的成分。淀粉在胃中也还继续分解。

知识小链接

消　化

消化是动物或人的消化器官把食物变成可以被肌体吸收养料的过程；食物中的淀粉、蛋白质、脂肪等大分子物质，在消化酶作用下转变成能溶于水的小分子物质的过程，叫作消化。

食物一直停留在胃里直到全变成液体为止。胃里的食物受到不断地搅拌，这有助于使消化液充分和食物混合。液状的食物称为“食糜”，食糜经过胃下端的幽门进入小肠。

小肠约4～6米长，盘成许多襻。小肠的第一部分是十二指肠，消化仍在继续，来自胰和肝的分泌液帮助分解食物。蛋白质的分解在此终止，脂肪则分解为更小的成分，而淀粉的分解也在此完成。经过消化的食物在此被吸收入血和淋巴。在大肠里，水被吸收，而残渣也更固化，这样就可以作为废物排出体外。

人是如何发音的

人能说话，在很大的程度上是由于喉头的构造。喉是个空心器官，形状好似一个匣子。匣壁是由软骨构成，里面衬着黏膜。

在每边的一个特定部位，黏膜变厚并向匣子的中心突起。这部分就是声带。每条声带是由许多条小肌肉带动的。在气由肺进入口腔的过程中，它要通过两条声带的中间并使之振动。这就产生了声音。

声带振动时，呼吸道中的空气也振动起来。我们听到的就是这个空气柱的振动。如果声带张力不太大，产生的是长波，于是我们听到的是低声。如果声带紧张起来，振动加速，产生的就是短波，于是我们听到高声。男孩到14岁左右时，声带变厚，使音调变低，这叫作“倒嗓”。

由此可见，音调的高低是决定于声带的张力。至于音质呢？这决定于共鸣腔，正好比一把小提琴的音质决定于整个乐器的振动。在说话和唱歌时，共鸣腔包括气管、肺、胸腔，甚至还有口腔和鼻腔。空气在这一切腔中的振动决定着音质。

但还不止如此。我们的腹部、胸部、横膈、舌、上颚、双唇、牙齿也都参与了。发音吐字时这些结构都发挥了作用。你现在可以明白了，说话就好比演奏一个非常复杂的乐器。只是因为我们从小就学了而且一直在不断地使用所以才做得这么好！

左撇子应该纠正吗

人群中大约有4%是左利，即左撇子。在历史上，有许多伟大的天才是左撇子。达·芬奇和米开朗琪罗，都是左撇子。当然我们现在居住的是个“右利的社会”——就是说，我们使用的大部分东西都是专给右利的人做的。我们的门柄、锁、螺丝刀、汽车、乐器，甚至还有衣服扣子，都是为右利人做的。这可能需要左撇子的人做出适应，但大部分左撇子人都适应得很好。

趣味点击

国际左撇子日

1975年8月13日，美国堪萨斯州托佩卡市的一群左撇子建立了名叫左撇子国际的组织，他们设想把全世界的左撇子联合起来，共同争取左撇子的权益。一年后，该组织举行庆祝活动，并将这一天确定为国际左撇子日，希望有朝一日全世界的左撇子一起庆祝自己的节日。1976年的8月13日就成为第一个国际左撇子日。

目前还没有一个足以解释为什么大多数人都是右利而只有少数人是左撇子的学说是大家都接受的。一种学说认为：人体不是“对称的”，意思是说，人体两边不完全一样。脸的右边和左边有点不同。两条腿的力量不相等。左右脚的大小也可能差一点。这种“非对称性”遍及全身。

人们发现脑分左右两半而两者的功能不相同。现在认为，脑的左半侧相对于另一侧处于“优势”。来自脑的神经在颈部交叉分别走向对侧。脑的右半侧对应身体的左侧，脑的左半侧则对应身体的右侧。

既然左半侧脑占优势，于是右半侧身体也就更灵活，更能干活儿。我们用左侧脑读书、写字、说话和工作，这当然要使我们大部分人都是右利。但左撇子的人，是左右颠倒，脑的右半侧占优势，这样的人当然是用左半侧身体工作得更好。所以，还是不要纠正左撇子的人吧。

打嗝是什么引起的

打嗝并没有什么神秘之处。它只不过是机体保护自身的一种动作。

众所周知，身体有许多反射活动。所谓反射是身体对某种特异性刺激的反应。反应的模式总是不变，好像是神经系统中早已建立好特定的神经联系。我们不需要去“决定”该采取什么行动，在反射活动时，神经联系不需要我们的控制就行动起来。

为了摄入固体和液体食物，以及为了排除误入呼吸道的食物或其他异物，身体内存有整套的反射。例如说体内有整套的管吞咽的反射。食物“走错道”时，呛咳就是意在排除食物的反射动作。而打嗝可视为是一种无实效的呕吐动作。

热食刺激了消化道或胃内气体压迫了横膈，都可以引起打嗝。横膈分隔胃和胸腔。横膈的收缩吸引空气入肺。若空气过不去，于是在空气受阻的一刹那我们感到一个“震动”。所以打嗝是身体意在将食物或空气排出胃脏的一种反射活动，它刺激了横膈，而横膈又影响了空气出入肺部的运动。我们感到一个震动，我们就说打嗝了。

人为什么会打喷嚏

出于一些奇怪的原因，喷嚏长期以来并不是仅仅当作一种生理现象。曾出现的各式各样的想法和传说，仿佛喷嚏有什么特殊意义似的。

事实上喷嚏只不过是通过鼻和口喷出气来。这是个反射活动，不经我们的控制而自动产生。鼻黏膜的神经末梢受刺激时就会打喷嚏。很奇怪，亮光刺激我们的视神经时，同样会打喷嚏。

引起喷嚏的刺激可能是由于鼻黏膜的肿胀，如感冒时；可能是因为有异物不知怎的进入了鼻腔；可能是变态反应造成的。打喷嚏正是机体利用喷出的气流排除刺激性物体的活动。

所以，打喷嚏跟什么征兆没有任何关系。

人为什么要出汗

人体可以看成是一个永久燃烧的火炉。吃进的食物是“燃料”，供身体燃烧，在燃烧过程中，每天大概要耗掉2 500卡。这个热量足够把30升的水烧到沸点！可是在身体里这些热量都怎么样了呢？如果身体里边没有温度控制器的话，我们就真成“热人”了。可是我们知道，体内的温度并没有上升(除非我们得了病)，我们的体温平均保持在37℃。

出汗正是人类用来保证体内“火炉”维持在正常温度上的方法之一。事实上，我们身体的温度是由脑中的体温中枢来控制的。这包括三个部分：控制中枢，加热中枢和冷却中枢。

假设血液的温度因某种缘故而下降。加热中枢就开始活动，这时就会出现一些情况。某些腺体分泌出更多的化学物质以供燃烧，肌肉和肝脏会用掉更多的“燃料”，很快我们的体内温度就会回升。

现在假设血液的温度因某种原因而上升，冷却中枢就开始工作。燃料的燃烧过程即氧化过程，变慢了。此外还发生另一件重要的事，皮肤血管扩张了，好使多余的热量被散发掉，同时也有利于汗液的蒸发。

液体蒸发时要带走热。例如，我们洗完澡时会感到冷，这是因为体表皮肤上的水分迅速蒸发而使身体冷却，所以出汗是身体冷却过程的一部分。

广角镜

冷 汗

冷汗指畏寒、肢冷而出汗。汗前并不发热，口不渴，常伴有精神不振、面色苍白、大便稀溏、小便清长、脉迟沉、舌淡等寒症表现。多因平素阳虚、卫气不足所致，也可因受惊吓引起。

人需要多少睡眠

众所周知，睡眠对我们来说是一件重要的事，因为它能使我们体内疲劳的器官和组织得到恢复。我们实际上每天需要多少睡眠呢？

对于我们大多数人来说，八小时差不多是正常量。我们还知道，有很多的人完全适应于较少的睡眠，也有一些人则需要更多的睡眠。这大多取决于我们的生活方式。但是一般来说，应该遵循的一个有益的标准是：只要是睡得舒服，醒来后工作状态最佳，那就要睡。

实际上有两种不同性质的睡眠：沉睡和浅睡。在浅睡中，我们的身体并不能得到像在沉睡中所得到的那种休息，因此在八小时浅睡之后我们仍然可能感到疲倦。但是，一次短短的沉睡却能够有充分休息之感。

通常，当我们入睡时，“睡眠中枢”就把神经阻塞，因此我们的脑子和身体两者都进入睡眠状态。前者使我们不想去做任何事情，后者则使我们的内脏和四肢进入睡眠状态。但是，有时会出现脑子入睡而身体并未入睡的情况。

梦由什么引起

趣味点击

《周公解梦》

《周公解梦》即流传在民间的解梦之书。为后人借周公姬旦之名而著。书中列举种种梦境，并对梦预测吉凶。梦文化是中国古代文化中不可缺少的重要组成部分，虽难登大雅之堂，但在民间却流传甚广。但在人类文化中，无论古今中外，对梦的了解，始终是一个谜。在未开发的部落社会里，往往把梦看成是神的指示或魔鬼作祟，固不足为奇。

我们的梦并不是来自“另一个世界”，并非来自外界的信息，也不是对未来的观察，梦不会预言任何事情。

我们所有的梦都和我们自己的感情、恐惧、向往、希冀、需要、记忆等有关。但外界的情况却可影响梦的内容。如果人饿了、累了，或受了凉，梦中就可能出现这些感觉。比如说盖的被子掉了，你就可能梦见在冰山上。夜间梦境的素材很可能就来自当时的体验。

所以梦的“内容”来自你睡眠时影响你的因素（受凉、外界噪声、某种不适，等等），梦还可能利用你过去的经验以及你目前心中的欲望和偏好。因此小孩会梦到巫师和仙人，青少年会梦到学校考试，饥饿的人梦到食物，想家的军人梦到家人，犯人梦到自由，等等。

有精神分析专家专门研究为什么我们做这样的梦以及这些梦的含义是什么。他们对梦的解释不是每个人都接受的，但却提供了一个探讨这个问题的方法途径。他们认为，梦表达了未实现的希望，表达了受挫折的思念。换句话说，梦是满足愿望的一种手段。

根据这个学说，在睡眠时我们的抑制机制也睡着了。这时我们能表达出或真正感受到我们愿做的事，并在梦中做到这一切。梦使我们的愿望得以表达出来，而这些愿望可能是过去我们自己也不知道的。

为什么心脏跳动不息

我们都知道，心脏像一个泵，它驱动着血液在全身循环，这样，人才能活下去。但心脏是个多么令人惊异的泵啊！心脏每搏动一次，就排出大约100立方厘米的血液。一天之内有约10 000升血液从心脏泵出，流入血管。平均起来，人的一生中，心脏要泵出250 000 000升的血液。

每天心脏搏动约10万次，心脏搏动包括心肌有节律的舒张和收缩，心肌收缩一次大约持续1/8秒。心肌收缩与心肌舒张交替发生，舒张时间与收缩时间几乎相等。

那么这种收缩与舒张的冲动来自什么地方？它是自动起动的吗？

现在来做一个实验，拿过一个鸡蛋，把它孵大约26小时，然后把鸡蛋打开，用放大镜观察蛋中那些将来要发育为小鸡心脏的细胞。你会发现这些细胞在搏动。这些细胞还没变成心脏之前，已经会搏动了。接下来，把这团细胞移出来，让它们在培养基上生长，如果你把这生长中的心脏切成六部分，则每部分都将继续收缩一段时间。怎么解释这种现象呢？我们不知道。看来我们能说的，只是心脏有某种自动收缩的特性。什么使心脏搏动，这是生命的秘密之一，至今仍是一个谜。

为什么血是红色的

流经我们体内动脉、毛细血管和静脉的血液包含许多不同种类的物质和细胞。血液的每一部分都有它独特的功能和重要性。

血液里的液体部分叫作血浆，它占血液体积的一半略多一些。血浆为淡黄色，由于其中溶解有红细胞、蛋白质、抗体、纤维蛋白质、糖类、脂类、盐类等物质，所以比水略稠些。

红细胞在骨髓里成熟时失去了细胞核，并且累积了越来越多的血红蛋白。血红蛋白就是使血液呈红色的物质，它含有铁和蛋白。随着血液中的红细胞越来越多，血液就成了红色。在你身体里的血管内同时循环着的红细胞约有30万亿个。

血液是如何循环的

简单说来，血液之所以循环是因为心脏在“推送”血液，而静脉和动脉则是能运输血液的“管道”。血液从肺中带来氧气，从消化器官中带来食物，运给身体其余部分并从组织中运走废物。

“管道”是两套空管子，一大一小。两套都同心脏这个“泵”联结，但彼此却不相连。小的一套由心到肺再回来。大的一套由心脏到身体各部分。这些管子就是“动脉”、“静脉”和“毛细血管”。动脉把血从心脏运走；静脉把血带回心脏。毛细血管是从动脉向静脉运血的微小管道。

血液循环的“泵”是心脏。它就像一幢两套的二层楼房，每一套有个楼上房间，分别是左右“心房”。楼下房间则是左右“心室”。设想我们追踪一滴血在体内的行程，情况是这样的：由肺中出来带氧的血走向左心房（楼上房间），然后到左心室（楼下房间），然后再到“主动脉”。这是大动脉，它和它的分支把血送到全身各处。血再由最小的动脉通过毛细血管进入最小的静脉，途经的静脉越来越粗。最后，血液到达心脏的右心房，然后进入右心室，由右心室再进入至肺的动脉。血在肺中放出二氧化碳和一部分水分，再吸收氧气。现在它再准备回到心脏的左心房，重复它的旅程！

血库是如何工作的

许多医院都有血库，血库中贮存着各种血型的血液。需要输用血液时就从血库里提取。血库的工作人员从健康人那抽取一些血液，以补充用去的血液。在血库里，血液可以冷冻保存大约三个星期，为了防止贮存的血液凝固，要加入一种称为枸橼酸钠的化学物质。

输血主要用以补充因大失血而丢失的血液。疾病、手术或意外事故时会出现这样的大出血。

有时只输血液中的某些成分。可以只输血浆（血液中的液体部分）。血浆经常输给严重烧伤的病人，因为严重烧伤时，大量血浆从血液中丢失。

在医治某些贫血的人时只输入红细胞。贫血是指血液中红细胞数太少或红细胞中血红蛋白量太低。

一般说来，输血时，受血者只能接受与他的血型相同的血液，否则会出现严重的反应。为了安全起见，在实验室里，要把用来输注的血液与接受输血者的血液混合在一起进行检查，这样的试验叫作交叉配血。

用贮存过一段时间的血液进行输血，这种方法是美国医生奥斯瓦尔德·罗伯逊创始的。他于1918年，第一次世界大战期间用这种方法治疗受伤的士兵。

拓展阅读

献血者享受的权利

1. 凡无偿献血者有受表彰和奖励的权利。

2. 献血者人格不受侮辱，有保护个人隐私的权利。

3. 献血者参加献血可享受免费体检、化验的待遇。

血液的 Rh 因子是什么

如果人因某种原因失去大量血液，那么输血能挽救他的生命。这时，用别人的血液输入失血者的血液循环系统，以替代他体内失去的血液。

根据记录，最早的输血在1677年进行，那年，有人把羊羔的血输进一头濒死的狗的静脉。这条狗十分幸运，它活了过来。现在我们知道，低等动物的血与人类的血液不同，不能安全地输给人类。

1940年，人们用恒河猴做实验时发现还有其他的血型分类方法——按 Rh 因子分类。

人们发现，当把某些不同个体的血液混合时，血液中的红细胞会凝集。这种凝集的原因之一便是 Rh 因子互不配合。

按 Rh 因子分类，人类的血型可分为 Rh 阳性和 Rh 阴性两类。把 Rh 阳性者的血液输给 Rh 阴性的人，后者的体内会产生一种抗 Rh 因子的抗体，当后者再次接受 Rh 阳性的血液时，便会出现血液病。

如果父亲是 Rh 阳性，母亲是 Rh 阴性，而胎儿又是 Rh 阳性，那么孕母血清中会产生抗 Rh 凝集素，凝集素透入胎儿血液中便可使胎儿的红细胞凝集并破坏，造成溶血。

什么是血友病

你知道吗，你的血液里有一种肉眼看不见的“急救箱”，万一血管破裂，身体便往破裂处堵上“吸水棉”，不让血液流出。当然，身体用的并非真正的吸水棉，而是别的东西，作用很像吸水棉。其实这指的是一种生理过程，称为血液凝固。血液之所以能凝固，是因为其中出现坚韧而有弹性的纤维蛋白长丝，作用有如塞子，可以堵住血管破裂的地方。

每个人身体里血液凝固的速度是各不相同的。有些人的血液凝固得极慢，甚至不凝固。这种人很容易出血，血友病就是一种出血性疾病。

幸运的是，血友病很少见，但不幸的是，血友病具有遗传性。这种病的遗传方式很特别，血友病只发生在男性，而且不是由父亲直接传给儿子。

患血友病的父亲把致病的基因传给女儿，女儿却不会发病，她又把这致病的基因传给自己的儿子，她的儿子会患血友病。所以血友病是这样遗传的：病人的儿子总是正常的，而且不会传递疾病；病人的女儿也是健康的，但她的儿子会发病。

这种病既见于富人的家庭，也见于穷人的家庭。事实上，血友病曾出现于世界上三个最显赫的家族：西班牙王室、俄罗斯王室和英国维多利亚女王的子孙们。在西班牙王室和俄罗斯王室中，都出现过患血友病的王子。

皮肤是器官吗

当我们想到人体器官时，容易想到心脏、肝脏或脑这些器官。它们各有任务，而且经常在执行任务。可是你知道吗？皮肤也是个器官。

皮肤包括两层组织。底层较厚的组织是“真皮”，上层较纤细的组织则为“表皮”。两层的结合方式很特殊。底层有许多“短楔子”直向上伸入到上层中，上层则紧紧包住这些“楔子”。因为这些“楔子”排列成脊，就在我们皮肤上形成一定的花纹，这在皮肤的某些地方可以看得很清楚。

皮肤上层，即表皮，包含许多已死的细胞，这些细胞转化为“角质”。我们可以说人体外面包的全是角质片。角质有助于保护人体，它没有感觉，使我们不致感觉疼痛。水对角质也没有作用，角质还是良好的电绝缘体。表皮的近底层是活的。这里的任务是产生新细胞。这里的母细胞把新生细胞推上去。不久，这些新细胞与食物来源隔绝而宣告死亡并变成角质。

在我们的日常活动中，每天有数以亿万计的上层死亡角质细胞脱落。幸好每天也生产出同样多的新细胞予以补充。

皮肤上有 30 层角质细胞。每次洗掉或摩擦掉一层细胞，底下就有一层新的在准备着。我们永远也用不完这些层，因为总有一个新层由底下长上来。因此，我们才能经常去除皮肤上的污迹并保持它的清洁。

广角镜

熬夜可导致黑眼圈

经常熬夜的人，会出现黑眼圈，眼袋，长期就导致了眼角皱纹。

首要的是要养成良好的作息习惯，不熬夜。每天临睡前将眼部化妆品洗净，选择一些有舒缓作用的护眼霜。选择不太高的枕头，能够有效抑制眼袋的产生。将鸡蛋煮熟去壳，包在纱布里，趁热按压眼周肌肤，能有效去除黑眼圈。早上起来，用隔夜茶清洗眼部周围的皮肤，也可以有效地去除黑眼圈。

为什么人们的皮肤颜色会不同

皮肤最白的人在北欧，又称北欧人。皮肤最黑的人在西非。东南亚的人皮肤偏黄。但大多数人不白、不黑也不黄，而表现不同程度的苍灰和棕褐的色调。

人类皮肤颜色有差别的原因是什么呢？这个道理全在于人体和皮肤中进行的一整套化学变化。在皮肤组织中有某些生色基团叫作“色原”，它们本身是无色的。当某些酶作用于这些生色基团时就会产生特定的皮肤颜色。

人类皮肤本身，如果没有任何着色物质的话，是乳白色的。但总有些黄色调，这是因为皮肤中存在有黄色素。皮肤中还有另一种颜色成分，是黑色，是由于存在有许多微小的“黑素”颗粒。这种东西其实是深棕色，但大量存在时显黑色。

皮肤上还有另一种色调，是由皮肤的血管中循环的血液加上去的红色。一个人皮肤的颜色决定于这四种颜色——白、黄、黑、红组合的比例。

为什么头发有不同的类型

头发的一般结构在人类之间变异不多。但头发的形状、颜色、质地，以及在显微镜下观察到的横断面却都有很大的差别。因为这些差别呈现一定的格局，所以检验头发是判断一个人的种族的好方法。换句话说，你从父母那里承继来的头发带有你的种族的标记。

拓展阅读

头发的弹性与张力

头发的弹性是指头发能拉到最长程度的能力，仍然能恢复其原状。一根头发约可拉长40%～60%，此伸缩率决定于皮质层。头发的张力是指头发拉到极限而不致断裂的力量。一根健康的头发大约可支撑100～150克的重量。

根据头发的构造方式头发可分为四种主要类别。

第一种短而卷曲，我们称之为“羊毛样”。这种头发的横断面为椭圆形或肾形。其颜色几乎永远是乌黑色，这就是一切黑色种族的头发。

第二种头发直、长而粗。横断面为圆形。颜色黑，几乎无例外。这是中国人、蒙古人和美洲印第安人的头发。

第三种头发呈波纹状或平滑如丝。横断面为卵形。这是欧洲人的头发。主要为金黄色，但也有黑、棕、红等颜色。

还有第四种类型，我们称为“卷曲型”，是澳大利亚土人的头发。鬈发通常是横断面呈扁平的头发。头发的横断面越圆，头发就越挺直。

提到颜色，某些类型可有好几种颜色，某些只有一种颜色。波纹状头发的颜色最多。正因如此，在欧洲人中你可以见到最深黑色的头发旁边就有亚麻色头发。但金黄色头发在北欧更多见，而在南方就比较罕见。在直发的种族中，金黄色头发极少见。在卷曲发的种族中红头发和在波纹状头发的种族中一样多。但红发只和个人有关——没有所谓红头发种族。

大脑是如何记忆的

记忆与学习之间关系极为密切。心理学家曾试图解释人是怎么记住事情的，为什么他又会忘掉许多学会的东西。可直到如今也还没有找到这些问题的答案。

有一种理论说，当人学习某些东西时，就会发生某种生理变化，他的脑里会留下某种痕迹或模式。这种模式记忆或痕迹记忆会留在脑里，只是随着时间的流逝而逐渐消失。

此外，你感受某具体体验的方式，也会决定你是记住它还是忘掉它。一般来说，人们往往会忘掉令他不愉快的搅乱他情绪的东西，而记住那些令他愉快的东西。

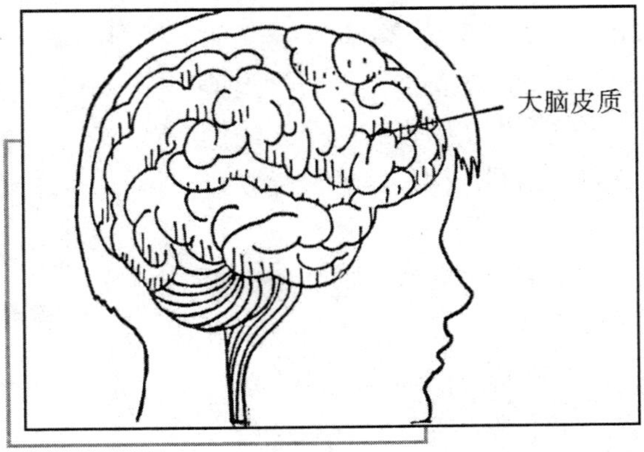

人类的大脑

人脑能完成各种各样的任务。人脑发育得好，就能完成更复杂的任务。人脑发育得不好，学习能力就很差。人类的学习能力是动物中最强的。在人脑中，记忆现象可能与大脑皮质的一些区域有关，大脑占人脑的最大部分，它表面沟回起伏。

用微弱的电流刺激这些区域时，人会“记起”过去的经验。这些刺激使大脑“重现”过去贮存在它里面的经验，另外，大脑某些区域受伤后，会出现记忆的丧失。

但信息是不是就贮存在大脑的这些地方呢？我们还不知道，我们也不知道信息是怎么贮存的。某些科学家认为，信息贮存是个化学过程——某些神经细胞内含有化学编码的信息。另一些科学家则认为，记忆是某些神经结构持久改变的结果。所以，记忆至今仍是个谜。

什么时候开始应用指纹检查

几百年前，我国已经有人把摁印指纹的做法用于契约等多种目的。但是直到近代，人们才从科学上认识指纹在追查罪犯方面的价值。最早建议用指纹识别罪犯的是英国的亨利·福尔德博士，他于1880年提出这个主张。1892年，著名的英国科学家弗朗西斯·高尔顿爵士从科学上证实了这个事实：没有两个人的指纹完全相同。他是第一个建立一批指纹记录的人。

英国政府开始对他的理论感兴趣，下令建立一个委员会以研究用指纹系统识别罪犯的可能性。爱德华·亨利爵士是委员会成员之一，后来成了伦敦警察厅的首脑。

拓展思考

指纹的识别与验证

识别与验证并不是指纹识别算法领域的问题，而是指纹识别系统的问题。指纹识别是指在1∶N模式下匹配指纹特征值。它是从多个指纹模板中识别出一个特定指纹的过程。其结果是“有”或者“没有”。有时会给出“是谁”的信息。

亨利爵士设计了一个将指纹分类和归档的系统。按照这个系统，所有指纹都可以分为下列基本纹理：环形纹、螺形纹、囊形纹、弧形纹、帐形纹、箕形纹、变形纹等。计算纹理中固定点之间的纹线数目，就能将每个指头的指纹归入一定的组。10个指头作为一个单位，要作完全的分类，就要检查10个指头的指纹。指纹经这个系统分析后，按次序归档，不必管该人的姓名、特征、犯罪性质等。一个办公室可以包含数以百万计的指纹，而鉴定可以在几分钟内完成！

有许多人希望在万一病故时他们的身份得到识别，于是他们的指纹也被收到联邦调查局的1亿多份指纹记录中。联邦调查局的指纹档案中也包括军人和政府雇员的指纹。今天，所有外侨都必须留下指纹，许多对国防事业极端重要的产业也要求雇员将指纹存档。

为什么人的脚不一样大

你大概注意到了，当你买鞋，卖鞋人给你量脚时，一只脚却比另一只大。既然一只脚并不比另一只多做些什么事，那为什么会有这种现象呢？

这关系到我们身体“不对称”这一事实。也就是说，身体并不是由完全相同的左右两半所构成。你可以用许多方法来观察这一现象。如果你照着镜子看自己的脸，你就会注意到脸的右半部分比左半部分发育得较为充分。右脸颊要凸出一些，而嘴、眼和耳朵的精确度则大得多。同样的情况也适用于我们身体的其他部分。两腿的长度和灵巧度都不一样。心脏位于左侧，而肝脏则位于右侧，以致身体的内部结构就不是完全均衡的。我们的骨骼也长得稍微有点不均衡。

这点轻微的区别能对我们做事的方式产生惊人的影响。身体结构的不均衡使我们走起路来也不均衡。结果，当我们眼睛不能看路时，如在暴风雪中、雾中或蒙上眼睛时，我们会绕着圈子行走。动物同样如此，因为它们的身体结构也是不均衡的。而无论谁要是蒙着眼睛开车，结果必定也是绕着圈子行驶！

当我们想到左撇子和右撇子时，却又难以理解了。人类的百分之九十六是右撇子。但是这不是由于身体的不对称造成的，而是由于人脑的不对称造成的。脑的左半部控制着身体的右半部，反之亦然。由于脑的左半部支配右半部，而脑的左半部占优势这就使得我们身体的右半部本领大些，因而使得我们大多数人是右撇子。

什么会造成头痛

什么会造成头痛？答案是：任何东西，一切东西。头痛的起因可有千百种。你要知道，头痛不是一种具体的病，而是一种症状。通过头痛，我们只不过是知道某处发生了障碍——在身体的某部分或在神经系统中。

当然我们对于头痛的“机理”——体内或神经系统中发生的导致头痛的变化——也知道一些。疼痛来自头颅内的某些结构。头中引流脑表面的静脉有痛感。敏感的不是脑实质而是脑的外膜和动静脉。这些结构有病时，你就头痛。再有，你的鼻窦、牙、耳和肌肉有病时，疼痛可以串到脑区而造成头痛。如果颈部和靠近头部的肌肉收缩时，这也可产生头痛。

头痛的人都有各自的原因，但这其中大部分情况的实际原因却基本相同。例如说，有人饿时就头痛，有人说早晨外出没有喝咖啡就头痛，有人说“酒后会头痛”。这些情况背后的实际原因是头颅动脉的扩张——这可引起一切人的头痛。这称为“血管性头痛”。

或者某个人突然受到震荡或头部扭伤，于是开始诉说头痛。这种情况并没有什么特殊。只不过是头中的痛敏结构受到牵拉，结果产生头痛。有的人可能是感情上的紧张，这会促使背部、颈部和头下部的肌肉紧张起来。其结果也会导致头痛。

拓展阅读

头痛的护理方法

头痛是临床上最为常见的临床症状之一，是人体对各种致痛因素所产生的主观感觉，属于疼痛的范畴。致痛因素可以是物理的、化学的、生物化学的或机械性的等。这些因素刺激了位于颅内外组织结构中的感觉神经末梢，通过相应的传导通路传到大脑而感知。

“偏头痛”是一种特殊的头痛，同以上这些很不相同。但你可以看出，产生头痛的症状有极多的原因。

什么是感冒

几乎所有美国人都知道这个笑话。一个大夫告诉他的感冒病人：“要是你有肺炎多好，那我就能治好你了。”感冒不仅是人不得不忍受的最讨厌的疾病之一，而且也是最难以理解的疾病之一。

其实，大夫对感冒症状的了解也许和你知道的一样多。流鼻涕，打喷嚏，嗓子痛或发痒，有时还头痛。后来，还可能咳嗽或发热。成人感冒一般不严重，可是儿童的感冒症状却可能是更严重的儿科病如麻疹、白喉的早期症状。因此，儿童患感冒应该及时诊治。

感冒要有一天到三天的发展时间。感冒有三个阶段。第一阶段是“干的”

阶段。鼻子发干肿胀，嗓子可能发痒，眼睛可能有时会流泪。在第二阶段，开始“流鼻涕”。最后一个阶段，你还可能发热、咳嗽。

普通感冒究竟是什么？是什么造成的？我们可以把它描写为急性上呼吸道感染，但这并没解决问题。医学科学就是不知道普通感冒的特异性原因。

但一般认为，感冒是由一种病毒造成的。但有点奇怪的是：那个病毒或许一直就在你嗓子里。只有当你身体抵抗力下降时它才侵袭人体。可能也还有其他细菌的存在，但也是只在你身体抵抗力下降时才侵袭人体。所以，感冒病毒削弱了身体，才使身体受细菌感染。

所以避免感冒的最好方法就是注意饮食合理、休息充分和衣着适当，以保持良好的抵抗力，并避免接触感冒病人。

扁桃体有什么作用

大部分人认为，我们只有两个扁桃体，它们位于咽喉两侧，恰好在舌头后面的地方，但这并不正确。

大小不同的扁桃体有若干对。扁桃体就是一小束一小束的称作淋巴的特殊类型的组织。由于它们位于咽喉内，因此有一种特殊作用，是对抗进入口鼻的传染病的第一道防线。

知识小链接

传染病

传染病是由各种病原体引起的能在人与人、动物与动物或人与动物之间相互传播的一类疾病。病原体中大部分是微生物，小部分为寄生虫，寄生虫引起者又称寄生虫病。有些传染病，防疫部门必须及时掌握其发病情况，及时采取对策，因此发现后应按规定时间及时向当地防疫部门报告。这类传染病被称为法定传染病。中国目前的法定传染病有甲、乙、丙三类，共39种。

最大的一对扁桃体靠近上腭，叫作上腭扁桃体。咽喉后部高处是一些小的扁桃体，叫作扁桃腺。其他一些小的扁桃体位于后舌面的正下方，在咽部后面还有一些其他的扁桃体。

扁桃体覆盖着一层平滑薄膜。在扁桃体内，这种薄膜垂下来形成深深的细小口袋，称作“小囊”。这些小囊能吸收从嘴里进入的病菌和其他有害物质，并协同白血细胞把病菌消灭。因此，与传染病做斗争是扁桃体的正常工作。

有时病菌在扁桃体组织的内部活跃起来，这就可能引起整个扁桃体的炎症，这种炎症叫作扁桃体炎。这时，一个（在异常情况下也可能是两个）扁桃体变大、变红并感觉疼痛。小囊胀大起来并不时地排出黏稠的脓液，就是急性扁桃体炎。这是一种突然发作的传染病，一般在四五天后就会消失。

急性扁桃体炎在童年期的发病概率往往比婴儿期或成年期更高，并且通常是在感冒流行的冬季月份发病。

脱发是什么原因造成的

脱发有各种各样的情况，可是在大多数的情况下，人对于脱发是毫无控制能力，并且也毫无治疗办法。

我们最常见的脱发就是秃顶。双颞侧的头发先掉了，或者是头顶上脱了一块，或者是按其他方式脱发。这是最难对付的脱发了，因为这是遗传的。不过遗传是受性别影响的，在男性中更为多见，但常常是女性携带着这种脱发的基因，再把它传给自己的孩子。一旦出现了这种类型的脱发，人所能做的只有接受和习惯。

过早的脱发可发生于25岁之前。造成这种脱发的一个原因也许是平常不大注意头发的卫生，没有保持清洁，等等。有时候性激素的不平衡也可造成过早地脱发。如果马上开始注意头发卫生，就可以减缓这种类型脱发的速度。

症状性脱发也有时会见到，是因为感染或其他情况引起的。健康一恢复，头发又会长出来。伤寒、猩红热、肺炎、流感以及其他严重感染都可造成突然脱发。如果头发是逐渐脱落变稀，这有可能是因为营养不良或者是内分泌腺的紊乱，特别是垂体和甲状腺。当然脱发还可能是因为头皮本身的毛病，例如局部受伤或者患病。

医学是怎样开始的

医学是治病的科学。现在，你已经知道很多的治病方法。如果你家某个人生病了，你会请医生，医生会使出他的浑身解数给人治病。当然他会科学地医治这种病。但是你不能试图通过“念咒”来治好一个病人，因为这样治病是不科学的。

基本小知识

古希腊

古希腊是西方历史文明源头，持续了约650年。它位于欧洲南部，地中海的东北部的，包括今巴尔干半岛南部、小亚细亚半岛西岸和爱琴海中的许多小岛。公元前5~6世纪，特别是希波战争以后，经济生活高度繁荣，产生了光辉灿烂的希腊文化，对后世有深远的影响。

医学的历史包括科学方法被应用之前的阶段，也就是在医学成为一门科学以前的这段时间。原始人的医学对疾病有各种奇怪的解释。在治病的过程中，原始医学依靠的是魔法或一些似乎有效的手段。但奇怪的是，原始人的医学竟也包括冷敷和热敷、放血、按摩及草药的使用。

古埃及医学是科学的医学出现前最著名的医学，它主要依靠魔法。他们使用各种油膏和药剂，所用的“药”中有蜜、盐、松油、脑、肝、心和各种动物的血。这些早期的医药有时候似乎也起作用，有时则不灵。

但是直到古希腊时代，科学的医学才真正开始。两千多年前，一位名叫希波克拉底的人写过文章介绍医学，后来编辑成《希波克拉底文集》。这就是科学医学的开始，因为它是依靠对病人的仔细观察来了解疾病的。在这部医药集中，有实际病例的记录和病人的症状。从此，医学就不再依靠魔法治病，而是通过对病人症状的研究，采用过去的经验来治疗疾病。现代医学就这样诞生了。

谁发现了医学

医生给人治病，因此，在某种程度上，第一个能帮助别人减轻痛苦的人就是名副其实的第一个医生。举例来说，一个把刺从别人手指里拔出来的穴居人，所做的正是医生业务所要求的。

原始人也有医学实践，我们会把那称为魔术，他们会以歌声，以草叶的煎汁治病。他们会偶然发现火焰的温热能减轻扭伤的肩膀的疼痛，某些草的汤汁会缓解胃痛。今天还处于原始状态的民族也会用夹板固定折断的骨头或用植物作为泻药或安眠药。

从最古老的文明时代起医生就已存在。巴比伦人留下许多医学著作，其中把各种疾病描写得非常清晰，今天的医生还能根据描述辨认出这些疾病。古埃及人已经有许多治病的方法，包括药丸和药膏，他们甚至进行身体表面的外科手术。

一位名叫埃斯库拉皮乌斯的人，是希腊历史上最早的医生，他以魔术给人治病。但真正的医学渐渐发展起来是因为一位名叫希波克拉底的人，他生活于公元前400年左右，他做了许多工作，使医学摆脱了魔术和迷信，因此被称为“医学之父”。

希波克拉底在他的著作中教导说，应当细致精确地观察病人；应当采用和缓的治疗方式，促进自然的治愈过程；医生不应当做有可能伤害病人的事，应当为病人保守秘密。希波克拉底也认识并描述了许多疾病。他观察的一些医学现象今天看来还同样准确。

为什么人会发烧

你不舒服时，医生或你的家人要做的第一件事就是给你测体温。他们想知道你有没有发烧。

健康时，人的体温平均在37摄氏度。疾病让体温升高，我们就称这个高体温为“烧”。虽然不是每种病都引起发烧，但很多的病都有发烧现象，所以发烧就意味着你的身体有某种病。

大夫或护士通常是一天至少给病人测两次体温，并记录在一个表格上，显示温度变动的情况。这个表格常常能告诉大夫病人得的是什么病。例如说，肺炎的体温记录是有一定规律的。其他疾病则有其他的“体温曲线”。

奇怪的是，我们还是不知道发烧究竟是怎么回事。但我们的确知道，发烧有助于治疗疾病。理由是这样：发烧使体内的生命过程加快，及生命器官运行加速。身体产生了更多的激素、酶和血细胞。激素和酶在发烧时工作得更勤奋。我们的血细胞能更好地杀灭细菌。我们的血液循环得更快，呼吸得更快，这样我们就能更好地排除体内的废物和毒素。

但如果发热时间太长，发热的次数太多，身体也是受不了的。如果发热时间超过 24 小时，那么你体内贮藏的蛋白质会受到破坏，而蛋白质对生命是非常重要的。所以发热是一种代价昂贵的抗击疾病的手段。

什么是内分泌学

机体的某些组织能分泌保持正常机体工作秩序的化学物质。这些化学物质叫作激素。制造激素的器官合称为内分泌系统。研究内分泌系统和激素的学科叫内分泌学。

知识小链接

内分泌

内分泌是指一群特殊化的细胞组成的内分泌腺。它们包括垂体、甲状腺、甲状旁腺、肾上腺、性腺、胰岛、胸腺及松果体等。这些腺体分泌高效能的有机化学物质，经过血液循环而传递化学信息到其靶细胞、靶组织或靶器官，发挥兴奋或抑制作用。

内分泌系统内的这些器官被称为“内分泌腺”，是因为它们把分泌物直接送入血液然后再分送到身体各部分。

内分泌腺包括：脑垂体、甲状腺、甲状旁腺、肾上腺、睾丸、卵巢、部分胰腺和胸腺。这些腺体有些分泌多种激素，有些只分泌一种。

内分泌系统负责调节人体内许多功能。如生长速度和人体最终的大小、体形、毛发的分布、体重、人体的性征等均受激素的影响。

激素还控制人的尿量、体温、新陈代谢率、血钙和血糖的浓度以及蛋白质向供能物质的转化。内分泌学家到目前为止还不十分清楚激素的这些作用是如何发挥的。

生殖系统特别受激素影响。激素也对人的个性有重要影响。人的身体上和精神上的警觉状态以及性别分化都受激素影响。

人参为什么有滋补作用

人参对人的身体究竟有哪些作用？它含有些什么东西？近百年来，很多科学家从植物学、化学、医学等方面进行了研究。药理和临床治疗研究初步证明：适当剂量的人参对于高级神经的兴奋过程和抑制过程都有加强的作用；能够增强心脏的舒缩作用，具有强心和兴奋血管运动中枢和呼吸中枢的作用，并刺激造血器官，增加红细胞和增强白细胞的吞噬能力；具有催性腺作用和利尿作用；能增进食欲，促进新陈代谢和生长发育，提高人体对疾病的抵抗能力、消除精神疲劳等。现在，科学家又在研究人参对人类顽敌癌症的作用。

那么，人参含有的有效成分是什么呢？经过世界各国科学家们的努力，已查明人参的主要有效成分是皂苷，并已分离出人参单体皂苷 13 种之多。除皂苷以外，人参的成分还包括多种氨基酸，主要有精氨酸、赖氨酸、谷氨酸等 15 种；大量的碳水化合物，如淀粉、蔗糖、果糖和葡萄糖等；有机酸，如人参酸等；挥发油，为人参特有香气的来源；维生素，如维生素 B_1 和 B_2、烟酸、泛酸等；另外，有的研究者还发现有酶酸类和其他有机物质。从人参含有的矿物质中，还分析出大量的磷和较多的硫化合物以及多种微量元素，如钾、钙、镁、钠、铁、铝、硅、钡、锶、锰、钛等。

人参不是万能的灵药，要使用得当，才能发挥它的作用。现在，科学家仍在继续进行研究，进一步掌握人参的奥秘，明确它的主要有效物质及其化学结构、性质以及各自的药理和医疗作用，以便使人参更好地为人类健康服务。

洋金花为什么能使人麻醉

我国古代名医华佗，曾用麻沸散作为麻醉剂，为病人施行刮骨疗毒、剖腹割肠等手术。根据考证，麻沸散中的主药就是洋金花。

洋金花里含有一种麻醉成分叫东莨菪碱。它是一种生物活性很强的物质，对人的神经有很高的亲和力。我们知道，一个人的意识和知觉要靠神经系统的活动来进行，在我们的大脑中有许许多多个神经细胞，相互之间进行着错综复杂的信息传递，这种传递必须依靠神经末梢释放一种化学物质——递质与另一个神经细胞表面的受体结合，才能发挥作用。这好比你想把一件事告诉远方的朋友，只要写一封信寄去就可以了。这个递质的作用就和信差不多。但东莨菪碱进入人体以后，却抢先占据神经细胞表面的受体，使递质无法与受体结合而发挥作用。正像你那远方的朋友刚巧在忙着干别的事，连信也没有看，当然不会知道你告诉他的是什么事情。当大脑神经细胞间的信息传递一旦受到阻碍，人也就失去知觉和意识了。

洋金花就是这样来使人麻醉，一直要等到在体内的东莨菪碱被分解和排泄掉，人才会恢复知觉和意识。根据这个道理，我国科学工作者又制成了一种新药叫催醒宁，它可以帮助增加体内递质的数量，等于增添了兵力，可以把已被东莨菪碱所抢占的受体夺回来，重新沟通了神经细胞之间的信息传递，人也就很快地觉醒了。

当然，这种麻醉和催醒的原理是很复杂的，还有很多奥秘有待我们去深入研究和探索。

什么是失忆症

人们时常可以在报纸上看到一些报道：有人忘了他自己是谁了。关于自己的过去他什么也想不起来，连自己的名字也记不起来了。我们说这个人是得了失忆症。

我们常常会感到情绪上的波动。我们可能由于某种原因心里受到创伤，感到生气、失望或惊吓。当我们感到这种情感上的痛苦时，我们就想做点事情来解决它。举例说，一种简单的处理方法是大哭，或者脸红，或出一身冷汗。事实上，这些反应的发生是不在我们的意志控制之下的。但这些都是正常的反应，因为每个人几乎都有这种反应。

一个人也可以用另外一种方式对待情感刺激或痛苦。他不去面对造成他不安的问题，相反却采取了另外一种反应方式使他自己感受不到这种不安心情。他“逃避”不安，用这种方式“保护”自己免受情感上的痛苦。

这种反应的一种形式就是失忆症。失忆病患者的表现就好像曾经烦扰他、使他不安的事情根本没有发生在他的身上，把一切烦恼全给“忘了”。

> 你知道吗
>
> **选择性失忆**
>
> 选择性失忆是一个人受到外部刺激或者脑部受到碰撞后，遗忘了一些自己不愿意记得的事情或者想逃避的事情，或者是某些特定的人或物。

在这个遗忘过程中他还忘记了许多与他的不安心情有联系的事情——包括他自己是谁。过去的任何事情他都想不起来了，但是在现实生活中他可以表现得很正常。他的生活和工作表现就像另外一个人，但可能并不引起其他人的注意。

花香为什么能治病

在塔吉克斯坦有一家奇特的医院，医院中的医生、护士，对病人的治疗不是打针吃药，也不是开刀或电疗，而是采用别具一格的花香疗法。他们让病人坐在舒适的安乐椅上，一面嗅闻周围花儿溢出的阵阵幽香，一面聆听悦耳悠扬的音乐，不少疾病就在这花香之中被治愈了。花香为什么能治病呢？

原来，构成花香的主要成分是一些有机化合物，如檀木发出的幽幽檀香味，是一种含有檀香醇的有机化合物；白兰花浓郁的香气伴随着一些有机酸酯类化合物；还有我们常常嗅到的薄荷清凉香味，主要成分是萜烯类物质。这些有机化合物极易挥发，能够随同花香散发到空中，在人们进行呼吸时进入人体嗅觉器官，刺激嗅觉神经，使人感到香味的存在，与此同时，这些有机化合物也在人体内发生作用，产生治病的效果。

花香虽然可以治病，但有一点必须注意，那就是各种花香的化学性质不同，药理作用也千差万别，而且有些花儿还含有剧毒。例如有种植物叫黄花杜鹃，花中含有闹羊花毒素，毒性猛烈，一旦使用不当，会使人过敏甚至休克。还有一种植物叫醉鱼草，花可入药，但有毒性。若将醉鱼草的花投入鱼池，鱼儿就会死亡，人或动物若不慎误食或长期嗅闻，也会产生呕吐和呼吸困难等中毒现象。因此，使用花香疗法，就如同吃药打针一样，应该在医生的指导下进行。

什么是贫血

“贫血”这个词是用来描述与血液异常现象有关的多种不同情况的。当血液所含的红细胞数量不正常时，或是细胞没有常量的血红蛋白时，这些情况就会出现。

贫血的起因可以是贫血形成、细胞破坏或大量失血。这些情况本身又可能起因于身体的许多异常现象。因此，医生治疗贫血时，必须精确地了解他所遇到的是哪一种类型。

拓展阅读

贫血病人的注意事项

1. 饮食营养要合理，食物必须多样化，食谱要广，不应偏食。

2. 忌食辛辣、生冷、不易消化的食物。平时可配合滋补食疗以补养身体。

3. 饮食应有规律、有节制，严禁暴饮暴食。

4. 劳逸结合，进行适当的体育活动。

例如，有的贫血可以由导致大量失血的外伤所引起，别的体液渗入血液中来补充容量，血液被稀释，结果可能造成贫血；有的贫血是起因于红细胞的破坏增多，这可能是体内各种不同情况产生的结果。在某些病例中它可能是遗传性的，或者可能由于不适当血型的输血、严重烧伤、变态反应或白血病造成的。

我们许多人所熟悉的一种贫血类型是营养性贫血。当没有足够的铁质来构成红细胞时，这种最常见和最不严重的贫血便会发生，因为铁是身体产生血红蛋白所必需的物质。这类贫血的症状主要是脸色苍白、虚弱、容易疲劳和昏厥以及呼吸困难。如果病人能够得到足够的休息和良好的饮食，一般都能够很快痊愈。

胃溃疡是怎么引起的

胃溃疡在现代人群中是个高发病，那么胃溃疡是怎么回事？又是怎样引起的呢？

胃中所制造的胃液含有盐酸、黏液以及称作胃蛋白酶的酶。胃蛋白酶把食物中的蛋白质分解成简单的物质。不过，有时胃蛋白酶与酸的混合物作用于消化道的壁上，结果就产生了消化道溃疡。这类溃疡通常发生在胃壁上引起胃溃疡。

患有这类溃疡的人通常是胃中的盐酸浓度高于正常标准。还有一些其他条件能促使某种溃疡的形成，或是在溃疡形成之后抑制愈合的进程。容易紧张的、欲望强烈的、进取心强的人患消化性溃疡的可能性要比非常宁静的人大些。吸烟可能使溃疡恶化或延迟溃疡的愈合。粗糙的食物也会延缓愈合。这种疾病实际上可以发生在任何类型、任何年龄（虽然十岁以下少见）的人身上。但男人得病率是女人的四倍。

怎样才能知道你是否得了胃溃疡？疼痛会告诉你。疼痛可能发生在饭后30~60分钟之内。这种疼痛很少发生在早晨，而通常在午餐和晚餐之后就随之而来，也可能发生在傍晚或午夜之后。

胃溃疡的疼痛通常是用进食的方法来解除。当病人患有消化性溃疡时，医生就给他规定掺和大量牛奶和乳酪的软食，并嘱令其休息及避免焦虑和烦恼。

假牙是如何制作的

一个人如果掉了几颗牙齿，看上去不太美观。而且，掉了牙齿也严重影响吃饭和咀嚼东西。因此，人类很久以前就产生了这样的想法：如果原来的牙齿由于这种或那种原因脱落时，就应该用某种东西替换上。人为地替换原来的牙齿称作修复学。

当原来的牙齿脱落时，就用桥托或成副的托牙来代替。用桥托时，假牙的“负荷”被两侧真牙分担。桥托就卡在这些真牙上。用托牙时，假牙则固定在牙龈和牙龈下面的其他部位上。

令人惊讶的是，用桥托镶牙的方法，意大利的古埃特鲁斯坎人于3 000年前就用过了，不过他们用的是金子。至于托牙，包括满口无牙的人用的全口托，也有约300年的历史了。

用桥托或托牙镶牙时，首先要解决的问题是怎么能使它们在嘴里保持合适的位置，以及怎样制作“底座材料”——能把假牙固定住的材料。现代牙科学已经很好地解决了这两个问题，人们戴着假牙可以和正常人一样吃东西和咀嚼，而且假牙在嘴里既轻便又自然。

基本小知识

象 牙

象牙狭义地说是雄性的象的獠牙，广义地也可以指其他动物的獠牙或骨头。象牙往往被加工成艺术品或首饰，此外它还被加工成台球和钢琴键，是一种非常昂贵的原材料。象牙和所有哺乳动物的牙齿或獠牙的化学组成是相同的，因此来自不同动物的“象牙”材料基本上也是相同的。不同动物的象牙的颜色可能稍许不同。

牙齿本身又是怎么做的呢？在古时，假牙是用骨头、象牙或河马的牙齿做的。有时，整个桥托和托牙都是由同一材料凿成的，整块地安放到嘴里。后来，使用的是单个的人牙，或是各种动物的牙，尤其是绵羊的牙。它们是安装在金子或象牙的基板上。

到了18世纪末，牙齿则用瓷来制作，不久后单个的瓷牙又安装在黄金或白金基板上。做牙时所用的材料与其他精细瓷器所用的材料一样。这些材料质地很好，有点半透明，而且有很高的强度。

大约一百年前，设计假牙时就要考虑与脸型相协调。今天，假牙在颜色和形状上都可与真牙相匹敌，简直可以以假乱真了！

谁发现了胰岛素

人体内有一个很大的腺体，称为胰腺，胰岛素就是胰腺分泌的，它的功能是帮助利用糖类。患糖尿病的人体内要么不能产生足够的胰岛素，要么不能利用胰岛素。如果疾病得不到治疗，病人就会极度口渴、饥饿、尿多、消瘦、软弱，最后会昏迷乃至死亡。

医生早已知道，糖尿病病人不能利用自己身体里的糖类，问题是怎样为糖尿病病人提供胰岛素。科学家认为他们已经知道答案：把取自健康动物胰脏内的胰岛素给糖尿病病人使用。但当时没有人能从胰腺中提取出胰岛素来。

后来，加拿大医生和科学家弗雷德里克·格兰特·班廷取得了成功。班廷于 1891 年出生在安大略省阿利斯顿附近。1920 年，他在安大略学院讲学。一天晚上，他正在准备一篇关于胰脏的讲稿时，突然意识到，他已发现提取胰岛素的方法。他到多伦多大学请求约翰·麦克劳德教授的帮助。当时，麦克劳德领导着一个大实验室，他同意班廷在他的实验室工作两个月。

1921 年 5 月，班廷在一位年轻的医学院学生查尔斯·贝斯特的帮助下开始工作。他们废寝忘食，几星期内就从一条狗的胰腺内获得第一批胰岛素，经过多次实验后，他们于 1922 年 1 月，第一次使用胰岛素对一位濒于死亡的患糖尿病的男孩进行治疗，这位男孩的病情立即好转。其他病人在用胰岛素后病情也同样得到改善。这样，人类在医学史上向前迈出了一大步。

人为什么会休克

休克这个词来自英文 shock，原意是“震惊”。当你见到自己的考试成绩时可能会感到震惊，或者是目击一件事故的发生也会感到震惊。但这都不是医学上的休克。休克意味着人体主要生命活动受到影响。通常这些活动是减慢了。

人进入休克状态时突然或逐渐地感到发软或要晕倒，并且面色苍白，皮肤变得冷而湿；出汗，瞳孔扩大。休克还伴有精神状态的改变。开始时可能感到烦躁不安，而随后则可能丧失意识。

发生休克是因为有效循环的血量减少，血压也降低。和一般晕厥一样，休克时进入脑的血液减少到最后可能引起意识丧失，毛细血管中缺血因此皮肤变凉。

如果一个人受伤流了很多的血，这本身就可以造成一种休克状态。休克也可由其他原因造成，例如过分紧张、感情激动、疼痛、疾病或意外事故。

发现有人休克时最好是找医生。在医护人员到来之前，尽量少搬动病人；可松解病人衣领、裤带，使他平卧；并注意病人的保暖等。

什么是青霉素

青霉素是人们给一种强有力的杀菌物质所起的名称。它不是一个天才在实验室里创造出来的奇迹，而是自然界本身的一个奇迹——由某种霉菌发展而来的。

其实，产生青霉素的霉菌，在很多年前就已经被用来抵抗感染。但没有人知道它究竟是个什么东西。1928 年，亚历山大·弗莱明爵士第一个描述了这一奇特的物质，并命名为“青霉素”。当时，青霉素是偶然发现的，但不久就变成了深入研究的课题。据发现，某些霉菌产生的物质对能感染人类的许多细菌都具有强有力的破坏作用。

知识小链接

细　菌

广义的细菌即为原核生物，是指一大类细胞核无核膜包裹，只存在称作拟核区的裸露 DNA 的原始单细胞生物，包括真细菌和古生菌两大类群。人们通常所说的是狭义的细菌，狭义的细菌为原核微生物的一类，是一类形状细短，结构简单，多以二分裂方式进行繁殖的原核生物，是在自然界分布最广、个体数量最多的有机体，是大自然物质循环的主要参与者。

关于青霉素还有一些其他非常重要的发现。青霉素虽然对细菌有那么大的作用，但对人体细胞却没有有害的作用。这点是很重要的，因为很多其他常用的杀菌剂对人体细胞的作用比对有害细菌的作用还要大。

青霉素的作用是很有选择性的。这就意味着，它对某些细菌有很强大的作用，对其他的细菌作用却很小甚至没有。正像某些人所相信的那样，青霉素并不是能杀死所有细菌的万应灵药。

青霉素对细菌的作用有三种不同的形式。一是“抑菌作用”，就是它可以使细菌的繁殖停止。二是“杀菌作用”，就是把细菌杀死。三是有时它甚至还可以把细菌全部溶解掉。

什么是白内障

白内障的英文是 cataracb，它的原意是大瀑布。为什么一种眼病会叫作“大瀑布”呢？这是因为在古代人们认为是在眼睛的晶体上面有一层不透明膜由上而下就像瀑布一样地遮住了眼睛。眼睛的白内障就是晶体的一种雾状混浊。它可能影响视力，也可能不影响。事实上许多人有了白内障但自己并不知道。

人们发现自己有白内障常常是因为有一部分视野变得模糊了。白内障患者的另外一个特征是在微光之下比在强光下看得还清楚。外界光线少时瞳孔变大，这反而使更多的光线得以进入眼睛。

白内障使瞳仁变成灰色或白色，而不是原来的黑色。有白内障的老年人，瞳孔可以变得非常的小。白内障严重时会使整个晶体都变成乳白色。

白内障通常被视为老年人的疾病。其实人在初生时或幼年时也可能出现白内障。有的时候人们是因为外伤或循环系疾病而得了白内障。

什么是激素

激素是由内分泌腺分泌出来的，它对肌体的代谢、生长、发育、繁殖、性欲和性活动等起重要的调节作用。内分泌腺又称无管腺，因为这些腺体的分泌物并不进入分泌管而是直接进入血液。某些器官例如肝脏和肾脏也产生激素，但人体内的大多数激素都来自腺体。

每一种激素对身体都有其特殊的作用。一般说来，激素的功能是调节身体的内部活动，例如生长和营养，食物的储藏和利用，以及各种生殖过程。如果腺体分泌的激素过量或不足，一个人的外貌也可能会变得不正常。

什么是癌症

癌症是一大类恶性肿瘤的统称，由身体里一些不断生长的细胞组织所造成，它们不遵循正常的生长方式。正常的身体细胞总是在生长，细胞衰老消失后，它们的位置便被与它们一模一样的新细胞所取代。但癌细胞的形状和行为都与正常的身体细胞不同。癌细胞的外形好像原发部位原有细胞的幼年阶段，但在显微镜下观察便能发现癌细胞与正常的幼稚细胞的不同之处，根据这些不同便可以确认哪些细胞是癌细胞。

癌细胞经分裂、数目增多之后，并不会变成完全成熟的细胞并就此停止增殖。相反，它们永远年轻，继续增多，直到造成危害。

癌细胞生长时，不会停在原处不动，而是会向周围蔓延，侵入正常细胞之间。如果癌细胞进入血液，就会被血液带到身体的各个部位。癌细胞的数目可能变得极大，大到使癌瘤所在部位的正常细胞无法继续行使功能，甚至死亡。

除非癌瘤的生长和扩散被制止，否则病人会因此而死亡。因此定期进行身体检查以及早发现癌症，并在癌症广泛蔓延之前治疗，是十分重要的。

癌症不会通过接触在人与人之间传播。目前还没有能治愈癌症的药物。医学的重要目标之一便是充分了解癌症的性质和原因，并找出预防和治疗癌症的方法。

医院是如何建立的

从极早时起就存在着照顾社会中病弱成员的问题。古罗马人在战争年代的军队里建立过医务室，用来治疗患病和受伤的军人。后来在大城市里也建立了医务室，靠公费来维持。

从某种意义上来说，古罗马人影响了医院的建立。随着基督教的发展，对病人的照顾变成了教会的责任。在中世纪，男女修道院提供了大部分医院。

男女僧侣就是护理。

到宗教圣地朝圣的习俗也助长了建立医院的风气。朝圣路途很遥远，朝圣者必须在路上的小旅店过夜。这些旅店叫 hospitalia，意思是客房，它源自拉丁文 hospes，意为“客人”。与修道院有联系的旅店也会照顾患病或有残疾或疲劳的旅客。于是 hospital（医院）这个词就有了照顾病人的含义。

中世纪的生活条件还不很舒服也不很卫生，所以那时的医院很不整洁。事实上，许多医院常把两三个病人放在一张病床上。

到了 17 世纪，生活条件普遍有所改善。人们开始觉得照顾病人是国家的责任。不过直到 18 世纪公立医院才在英国大市镇普遍起来。不久，建立公立医院的做法开始向外传播，欧洲国家都先后建立了公立医院。

北美洲的第一家医院是 1524 年科特斯在墨西哥市建立的。英殖民地的第一家医院是东印度公司于 1663 年在曼哈顿岛建立的。

基本小知识

朝圣

朝圣指宗教徒朝拜宗教圣地的活动。比如天主教有许多关于圣地的传说，如耶稣诞生、受难及复活之地伯利恒与耶路撒冷，圣保罗和彼得殉难之地罗马，及各地的圣徒墓地纪念地等。天主教徒认为可通过朝圣祈福、赎罪。

航空·交通

QINGSHAONIAN
BIZHI DE KEXUE ZHISHI

交通是各种运输和邮电事业的总称。交通的载体有铁路、公路、水路、航空和管道五种方式。航空是交通的一种方式，二者是隶属关系。

随着知识的增长，人类有了探索世界的欲望，上天入地也成为可能，于是，航空应运诞生，一切与天空有关的产业都蓬勃地发展起来。

青少年对天空的向往不输于成人，他们更加迫切地需要了解航空交通方面的知识，希望不断地在前人的基础上吸取养分。

什么叫航空器

人类在大气层内所从事的飞行活动称为航空，在大气层内飞行的飞行器就叫航空器。任何航空器都必须产生一个大于自身重力的向上的力，才能升入空中。根据产生向上力的基本原理的不同，航空器又可分为轻于空气的航空器和重于空气的航空器两种。

轻于空气的航空器的主体是一个气囊，其中充以密度比空气小得多的气体，靠空气静浮力升空。气球和飞艇就属于这一类航空器。

重于空气的航空器在整个飞行器中数量是最多的，包括飞机、滑翔机、直升机和旋翼机。它们都有固定机翼或旋翼，完全靠空气动力克服自身的重力而升空。

火箭的工作原理是什么

你也许看见过草坪洒水车，洒水车洒水时向四周旋转着喷水。这种旋转是由于水挤压洒水车中可移动的洒水管引起的。

牛顿注意到了这种现象，并进行研究，从而创立了重要的自然法则。牛顿定律指出，物体都有作用力与反作用力。牛顿定律还解释了开枪时反作用力的原因。

这个原理解释了火箭飞上天空。火箭内部满载压缩气体，当这些气体从火箭尾部喷出来时，它给予火箭一个相当大的反作用力。航行的距离越远，需要的冲力就越大。

火箭为什么能在太空飞行

火箭是由火箭发动机驱动飞行的。这种发动机工作时使用的燃料是由火箭自身携带的，不像飞机的喷气发动机那样还必须依靠空气。

火箭在飞行中，它的发动机会不断向后喷射燃气，根据牛顿第三定律，作用力与反作用力大小相等、方向相反的原理，火箭发动机喷出燃气时作用在燃气上的力，就是燃气反过来推动火箭在太空飞行的力。

知识小链接

太　空

太空是由无极元和能量相互作用而构成的物质，存在时空概念并存在于宇宙内部的一个有限的，有着开始和结束的整体事件，是易学中的太极世界。太极世界里有能量、有物质、有时空和事件。太空同样也是佛教中描述的“万有”，是基督教中描述的“一切”。

航天飞机为什么要用火箭发射

在电视荧屏上，常常可以目睹航天飞机发射的场面。你会发现航天飞机不是像一般飞机那样在跑道上起飞，而是搭乘在高高矗立的火箭上发射。这究竟是为什么呢？

这是因为航天飞行器在外层空间飞行，或作绕地飞行，或作星际航行。随飞行高度的增加，对起飞的初速度有严格的要求。根据理论推算，即使航天飞机在地球表面附近作绕地飞行，其发射初速度也要求每秒 7.91 千米。当离地面 200 千米时，起飞的初速度要求 8.02 千米/秒。如果是作星际航行的飞船，则起飞的初速度要求大于或等于第二宇宙速度，即需每秒达 11.2 千米。如要飞出太阳系，起飞初速度就要等于或大于每秒 16.7 千米。要用这样大的初速度把几吨、几十吨的飞行器送入外层空间的轨道上，常规的发动机当然不能胜任，就是喷气发动机，也因外层空间没有空气而不能使用空气喷气发动机。

为此，科技工作者设计了在燃料中加入氧化剂的火箭喷气发动机，它的燃料不需要空气中的氧气就能自行燃烧，适合在外层空间工作。为了达到足够大的助推力和足够远的飞行距离，通常采用二级或三级串联的火箭喷气发动机。

综上所述，航天飞机作为绕地的外层空间飞行器，只能用功率强大、携带足够燃料的火箭喷气发动机才能送上太空。

雷达是怎样工作的

我们不时地听见我们自己声音的回音。声波碰到硬的物体折回来就形成了回音。很像一只橡皮球击在墙上反弹回来的情形。大功率无线电台发出与接收无线电波的道理也是如此。当发射出的电波触碰到硬物体时就会反射回来，被无线电接收机收到。无线电接收机通常与无线电发射机放在一起。由于我们已经知道了电波的速度，由此我们可以计算出这个物体与我们的距离，以及电波需要多长时间才能碰到该物体等情况，这就是雷达的工作原理。

今天，雷达的用途十分广泛，飞机场、导弹基地、航天中心以及某些船只与全自动飞机等都在使用雷达。最简单的利用雷达的仪器要算交警用来测量司机行车速度的仪器了。

飞行员为什么要穿专门飞行服

飞行员专用的服装叫飞行服，它是根据飞机向高空高速发展，而相应发展起来的，是保障飞行员正常工作和生存的重要装备。

早期飞行服装是在普通御寒皮夹克上，加一副防风镜。到第一次世界大战期间，各国都制成专用飞行衣帽。到第二次世界大战期间，除专用飞行服外，在衣服上佩带了降落伞系带挂钩、氧气面罩和无线电送话器，飞行帽里也装有耳机。进入到高速飞行时代，专门飞行服就包括头盔、护目镜、海上救生背心、氧气面罩和复杂的抗荷服。

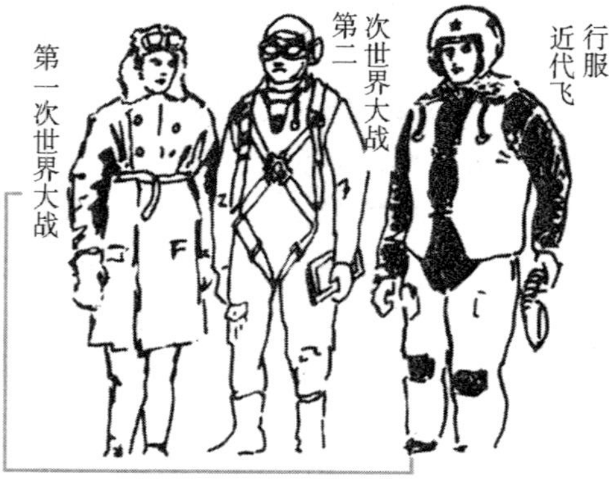

飞行服变迁

穿上这样复杂的飞行服，是为了适应高空缺氧、高速气流吹袭、掉入海面自救，以及抵抗飞机翻滚等对人的伤害。

基本小知识

飞行员

飞机、飞行器、火箭等的飞行驾驶员。多座飞机的飞行员通常只负责驾驶，单座飞机的飞行员除了负责驾驶之外，还要担负领航、通信、射击等任务。

飞机是谁发明的

自古以来，飞行的理想就使人着迷。一个最著名的传说提到，伊卡鲁斯用蜡在他的身上装了两个翅膀便飞了起来。然而当他飞向太阳时，蜡融化了，他也就掉下来摔死了。伊卡鲁斯是人类努力争取新高度的一个象征。列奥纳多·达·芬奇也是一个地地道道的发明家，他曾画了一张人力飞行器的草图。

最早的飞行器是没有动力的。它们实际上就是大风筝或是滑翔机。在19世纪里人们一直在进行这种飞行器的试验。

但一直还没有一个人制造出一架比空气重又能用它自己的动力飞行的机器。实际上，那时把这样一种机器制造出来的可能性还是有的。第一个认为它可能的人是塞缪尔·兰利教授，他是华盛顿特区史密森学会的秘书。他建造了两台机器，每一台都是12英尺宽，15英尺长，是由1士马力的蒸汽机驱动的。1896年这两台模型成功地起飞了。1903年兰利试验了实物大小的飞行器，但它坠毁了。

12月7月，奥维尔和威尔伯·莱特兄弟首先成功地制造出比空气重又带有它自己的动力飞行器。在北卡罗来那州的基蒂霍克，他们用12秒钟飞行了120英尺远。第二次用59秒钟飞行了852英尺远，于是飞机诞生了。

谁是第一个飞向蓝天的人

趣味点击

第一名航天员

加加林是第一个进入太空的地球人，白俄罗斯人。1955 年从萨拉托夫工业技术学校毕业后参军。1957 年在契卡洛夫第一军事航空飞行员学校结业，成为红旗北方舰队航空兵歼击机飞行员，同年与瓦莲京娜结婚。1960 年被选为航天员，加入苏联共产党。1968 年 3 月 27 日因飞机失事遇难。

第一个飞向蓝天的人是法国物理学家罗塞尔，时间是 1783 年 10 月 15 日。

几秒钟的“飞行”对于今天习惯于观看超音速喷气式飞机表演的人们来说似乎很可笑。但如果你想一下，这些气球是当时的新生事物，而且当你看到首批飞行的人所遇到的无数困难时，你就会觉得他们取得的成就是相当了不起的。

罗塞尔的飞行引起了人们极大的关注，因此，蒙特格尔夫兄弟俩也受到鼓舞而继续进行着试验。人们有理由认为，这第一个大胆地在空中飞翔的法国物理学家可以称作是现代宇航员的先驱。

飞机为什么会飞

飞机为什么能飞？严格地讲应该与飞机的每个部件都有关，缺了谁也不行。但是，最主要的是飞机有一对采用特殊剖面形状的机翼。

翼剖面又称翼型。如果有人拿一把锯将机翼拦腰锯断，所能看到的形状就是翼型。典型的翼型是上凸下平（流线型）。根据流体的连续性和伯努利定理可知，相对远前方的空气来说，流经上翼面的气流受挤，流速加快，压力减小，甚至形成吸力（负压力）；而流过下翼面的气流流速减慢。于是上下翼面就形成了压力差。这个压力差就是空气动力。按力的分解法则，将其沿飞行方向分解成向上的升力和向后的阻力。阻力由发动机提供的推力克服，升力正好可克服自身的重力，将飞机托向空中。这就是飞机为什么会飞的奥秘所在。

为什么机翼不像鸟儿那样扇动

飞机和鸟类同样都在空中飞行，但飞机的机翼一动也不动，鸟类的翅膀却经常在上下拍动。鸟儿难道不知道疲倦吗？为什么它不让自己的翅膀也像飞机那样固定在一个位置上呢？

看起来，似乎飞机“聪明”而鸟类“笨”。但事实恰恰相反。就飞行本领来说，鸟类比飞机“巧”得多。

拓展阅读

滑翔伞

滑翔伞起源于 1984 年，是由法国一批热爱跳伞、滑翔翼的飞行人员发明的一种飞行运动，目前在欧美和日本等国非常流行。滑翔伞与传统的降落伞不同，它是一种飞行器。

现代的飞机，不论是军用的还是民用的，大飞机还是小飞机，都必须同时具备两样东西才能飞上天去。这两样东西，一是机翼，二是推进器。飞机的机翼，用来产生升力，把飞机悬托在天空中；而飞机的推进器，则用来产生拉力或推力，驱使飞机向前飞行。如果没有推进器而光有机翼，那就变成了滑翔机。滑翔机只能依靠别的力量拖上天去，自己是不能独立升空的。由此可见，飞机的机翼在飞行中只起支持的作用，而没有推进的能力。

可是鸟类的翅膀就不同了。鸟类是没有推进器的，发动机就是它本身，推动它前进，就靠它的翅膀。因此，鸟类的翅膀同时要完成两项任务：一是产生升力把自己悬在空中，二是产生推进力使自己前进。只有拍动翅膀，鸟儿才能同时产生升力和推进力。所以飞机机翼可以固定不动，而鸟类的翅膀却要上下拍动。

什么是飞机的稳定性

稳定性也称安定性，是物体的一种运动特性，在日常生活中常可见到。例如吊摆，开始处于平衡状态，如果你推它一下（称扰动），就会来回摆动，经过一段时间之后，最终恢复到原来的平衡位置。这说明吊摆具有稳定性。吊摆之所以具有稳定性，最终可回到原来的平衡状态，主要是重力产生的恢复力矩和空气产生的阻尼力矩共同作用的结果。而竖摆的情况正好相反，如果你推它一下它就会倒下去，不具有稳定性。

对于飞机来说也有稳定和不稳定的问题，其情形与钟摆一样。在飞行中，突然受到某种扰动（如阵风），当扰动消失后，飞机不经过操纵就能自动恢复到原来的平衡状态，这样的飞机就具有稳定性。反之则没有稳定性。

飞机的水平尾翼、垂直尾翼和机翼的上反角设计，以及重心位置等均与稳定性有关。

为什么没有蒸汽飞机

我国有一句古话叫“失败乃成功之母”。飞机的发明，就是这句话最好的证明。在航空史上，曾经有不少人试图给飞机装上蒸汽机。1884 年就制成了这样一架飞机，上面有许多一个个上下重叠着的翅膀，由蒸汽机驱动。可是当它第二次起飞时掉下来摔坏了。1896 年美国的物理学家兰格里制造了两架用蒸汽机做引擎的大型模型飞机，于 5 月 6 日在波多马克河的游艇上对其中一个模型进行了试飞，据说还成功地飞行了一分钟左右。由于蒸汽机太笨重，因此载人飞机便没有人再用蒸汽机来提供动力。

飞机能够飞起来，靠的是机翼产生上升的空气动力。飞机发动机的功率越大，上升力越大。上升力大于飞机本身的重量时，飞机才能腾空而起，在空中翱翔。蒸汽机的功率虽然可以很大，但是与它本身的重量比起来，它所提供的功率也不能产生离开地面飞行的足够的上升力。直到飞机上装上汽油发动机的时候，飞行才取得了真正的成功，因为汽油发动机比起它发出的功率而言是很轻的。

知识小链接

蒸汽机

蒸汽机是将蒸汽的能量转换为机械功的往复式动力机械。蒸汽机的出现曾引起了18世纪的工业革命。直到20世纪初，它仍然是世界上最重要的原动机，后来才逐渐让位于内燃机和汽轮机等。

飞机的水平尾翼有什么作用

水平尾翼是安装在机身尾部两侧的水平小翼面，简称平尾。一般的平尾由前后两部分组成，前边的固定部分叫水平安定面，后面的活动部分是升降舵。前后为一个整体的称为全动平尾。平尾主要起平衡、稳定和操纵作用。

一般来说，飞机的升力作用点与重心并不重合，若在重心之后，此时升力对重心产生一个低头力矩，而平尾必须提供一个负升力对重心形成抬头力矩，与前者平衡。这就是平尾的平衡作用。

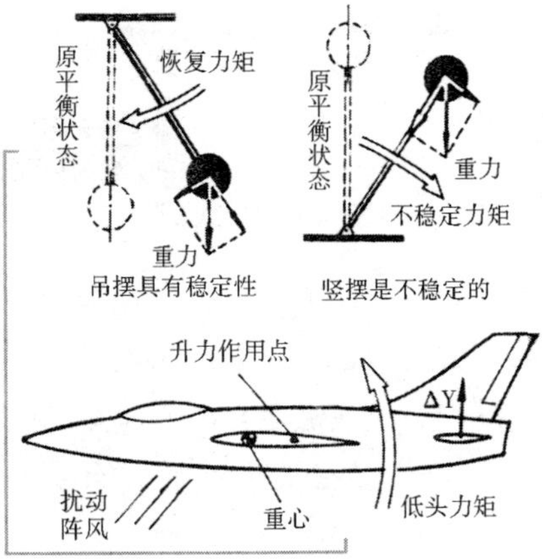

平尾的纵向稳定作用

飞机在飞行中，如果遇到向上的阵风，使飞机抬头。这时，机尾也会往下

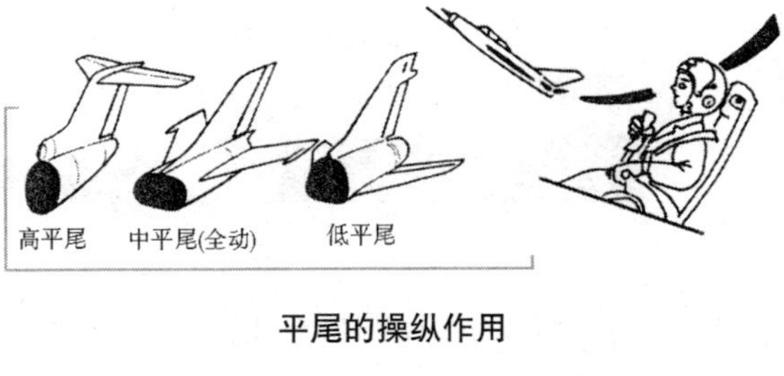

平尾的操纵作用

沉，使平尾迎角增大，因迎角增大而产生的平尾升力（ΔY）对重心形成低头力矩使飞机低头。这就是平尾的纵向稳定作用。

此外，还可以操纵升降舵或全动平尾，使其上下偏转，改变平尾作用力的大小，以实现俯仰机动飞行的目的。这就是平尾的操纵作用。

基本小知识

重　心

重心是在重力场中，物体处于任何方位时所有各组成质点的重力的合力都通过的那一点。规则而密度均匀物体的重心就是它的几何中心。不规则物体的重心，可以用悬挂法来确定。物体的重心，不一定在物体上。

飞机上也有红绿灯吗

在大城市里，所有的交叉路口都有红绿灯，交通警察利用它们指挥过往车辆，以避免发生交通事故。飞机上也有红绿灯，其目的也是为了指示飞机航行，防止飞机在空中或地面相撞。

飞机上的红绿灯学名为航行灯。对其数量、安装位置、颜色和亮度，国际上都有统一规定。飞机上一共 3 盏航行灯，分别安装在两翼尖和机尾，左红右绿，尾灯为白色。能见范围与飞机的飞行速度和飞行员的反应时间等有关，一般来说，在 7 000 米高度时红绿灯的能见距离为 15 ~ 20 千米，尾部白灯的能见距离则稍短。

有了统一规定的航行灯，飞机夜航就安全多了。

机翼上翘有什么好处

从飞机的正面看，多数飞机的机翼都是水平的，但也有翼尖往上翘着的。这种翼尖上翘的机翼称为上反翼，与水平面的夹角称为上反角。

飞机采用上反翼的好处是可提高横向稳定性。例如，因为某种扰动(风)，使飞机向右倾斜，同时升力也会倾斜，使飞机向右侧滑，与空气形成相对运动。由于机翼有上反角，造成相对气流与两翼的迎角不同，因此而产生的升力也不同，右大而左小。两翼的升力差正好形成一个使飞机回到原来状态的恢复力矩。这就是上反角的增稳作用。

与此相反，有的飞机采用下反翼。下反翼的作用是减小飞机的横向稳定性。

隐身飞机何以能隐身

所谓飞机隐身并非指常规伪装，而是设法使飞机降低自己的雷达特征（反射截面积）和红外特征等，让对方的雷达和其他探测设备难以发现。那么，隐身飞机是如何达到这一目的的呢？目前主要采用了如下技术措施：一是将飞机设计成特殊外形，使照射到飞机上的电磁波散射掉，无法形成回波或回波甚弱，以减小飞机的雷达截面积；二是大量采用先进的吸波和透波材料制造飞机；三是将产生红外线和电磁辐射的器件隐匿起来（如发动机、喷口等），尽量减弱红外线和电磁波的辐射强度。

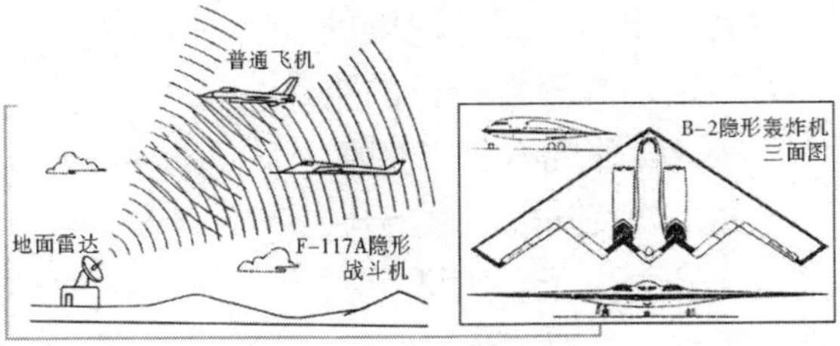

飞机隐身示意图

直升机悬停在空中为何不会往下掉

悬停是直升机特有的飞行本领之一。悬停时，直升机在空中既不前飞、侧飞，也不后飞，既不上升，也不下降，就好像停在空中一样。不过，这与它停在地面不同，因为它的旋翼在不停地旋转。

知识小链接

直升机的驱动力

直升机主要由机体和升力、动力、传动三大系统以及机载飞行设备等组成。旋翼一般由涡轮轴发动机或活塞式发动机通过由传动轴及减速器等组成的机械传动系统来驱动，也可由桨尖喷气产生的反作用力来驱动。

悬停中的直升机为什么不往下掉呢？

因为旋翼在悬停飞行状态下，不提供前飞、侧飞和后飞的作用力，而它提供的升力又正好等于直升机的重力，所以直升机不会往下掉。

如果要直升机垂直上升，只须让升力大于重力即可实现。垂直下降则与此相反。

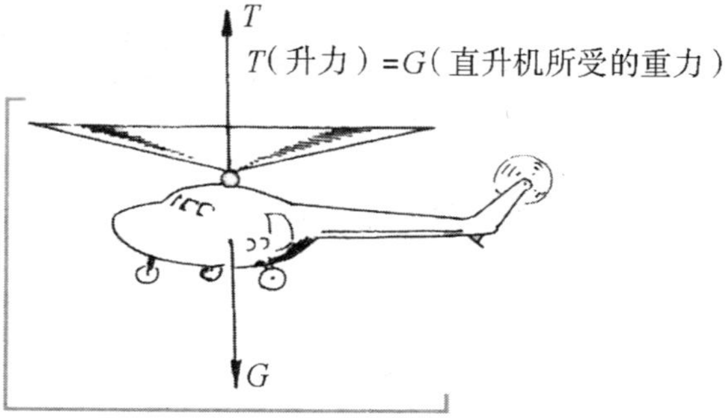

悬停时作用于直升机上的力

飞机和直升机空中停车后谁更安全

飞机和直升机的发动机空中停车后，都应当尽快就近降落。两者比较，还是直升机更安全。理由如下：

直升飞机着陆

1. 直升机所需的降落场地比飞机小得多，对场地质量要求也较低，容易寻找。

2. 直升机着陆速度大大低于飞机的着陆速度，滑行距离也短得多，所以接地后与地面碰撞摩擦的次数少，而且也不像飞机那样强烈。

3. 由于直升机有自转飞行的特点，只要飞行员操纵得当，自转着陆与正常着陆区别不大，较有把握。

直升机空中停车后旋翼还能旋转吗

也许有人认为，当直升机发动机空中停车后，由发动机驱动的旋翼也会跟着停转，直升机就会立即坠落。其实不然，旋翼仍旧可以旋转，飞行员也可操纵直升机飞行。直升机的这种没有动力的飞行叫自转飞行。

直升机自转飞行时，驱动旋翼旋转的动力来自直升机本身的重力。直升机因重力作用下降时，自下而上的气流就会驱动旋翼旋转。

当然发动机空中停车后不可能继续驾驶直升机去执行任务，而应尽快寻找安全场地降落。在自转飞行状态下进行着陆叫自转着陆。

降落伞为什么能救人

降落伞用于救人叫救生伞，用于伞兵叫伞兵伞。它用柔性丝或尼龙织物制成，平时可折叠于伞包中，使用时展开成伞状物，以增加人下降时的阻力，降低速度，稳定姿态，达到安全着陆的目的。

一个飞行员从 25 千米高空往下坠落，由于重力加速度作用，最大速度可达到每秒 250 米，这样掉到地上人可能粉身碎骨。当使用一顶展开面积为五六

你知道吗

阻力伞

阻力伞专门用于飞机着陆时配合其他刹车装置，可缩短滑跑距离。这种伞的特点是动载大、体积小、重量轻、多次使用、使用环境条件差和耐高温，因此所使用的纺织材料能经受在粗糙跑道上的拖拉、磨损、断裂强度要大，经多次使用仍能经受较大的开伞冲击，要有良好的耐热性和防灼性，以及较高的抗环境老化性能等。

十平方米的降落伞，就可把人着地时速度减到约每秒6米左右，就可保证人的安全。

佩带降落伞，还要注意一丝不苟地按要求折叠好伞衣，整理好伞绳，系好开伞拉绳，有一点疏忽，就可能会导致打不开伞，造成坠人事故。

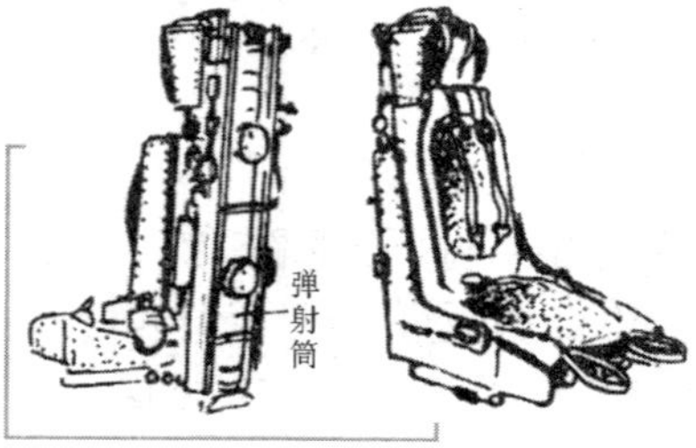

弹射座椅

什么是弹射座椅

弹射座椅是一种特殊的椅子，它要保证飞行员在紧急情况下，安全弹离座舱，安全在空中飞行，安全人椅分离。它除了有结实的金属椅背椅盆外，还有弹射筒、肘部保护装置、脚部保护装置、面部保护装置、座椅空中稳定装置、弹射手柄及自动人椅分离机构等。

当飞机被击中或无法飞行时，飞行员只需要按压弹射手柄（有的采用拉出头上面罩），弹射筒立即被击发，在座椅往上移动的同时，用一套系带系统，拉直人的坐姿，拉回双腿，保护好肘臂，使飞行员不至于在弹出时与座舱底凸出部位钩挂或碰撞。

自行车是谁发明的

没有人知道是谁第一个想到要做一辆双轮车让人能够骑着走。可是早在古埃及时代就有这样的车存在。车有两个轮，是靠骑者的脚来运转。

我们今日的自行车是在19世纪开始研制的。1817年，德莱斯男爵引进一种机器，他根据自己的姓名而称之为德氏双轮车。

广角镜

古埃及

古埃及是四大文明古国之一，典型的水力帝国。受宗教影响极大，举世闻名的金字塔就是古埃及人对永恒观念的一种崇拜产物，也是法老王的陵墓，目前埃及共有八十余座金字塔，其中最大的一座是胡夫金字塔。除了金字塔以外，狮身人面像、木乃伊也是埃及的象征。

这是对前人法国的尼普斯的早期发明的改进，是现代自行车的一个真正先驱。德氏双轮车的两个轮子是靠一根木棍相连的。

骑者的部分体重要放在前面的一个木制扶手上。前进要靠用脚踢踏地面，先用一只脚，后用另一只。前轮上有一个把手，可用以转向。这种车很贵，一般人买不起。正因如此，一般人给它起了个绰号“少爷马”。

对少爷马的狂热传遍欧洲，但传到美国后很快就冷下来了。大约在 1840 年有一个叫麦克米伦的苏格兰人在少爷马的后轮轴上装了曲柄，曲柄借传动杆与前面的脚踏板连接。不过这项发明没再有什么进展。到 1868 年自行车有了轻型带铁丝车条的金属轮子，还有实心的橡皮带。现代的“安全自行车”是 1885 年前后研制出来的。两个轮大小相等，车座略前于后轮。脚踏板连在车架的一个方便的位置上，力量则靠链轮和链子传递到后轮上。

汽车如何产生的

和其他的许多伟大的发明不同，没有独自一个人能取得发明汽车的荣誉。汽车所以能达到现在这样完美的阶段，是由于多年来使用者提出了大量改进意见。

实际上，第一辆机动的、带有一台引擎的车辆是由一个叫尼古拉·居纽的法国人制造出来的。它是一辆笨重的三轮车，带有一台蒸汽机和一个大锅炉。它每小时走 3 英里，每走 15 英里就要加一次燃料。

拓展阅读

跑　车

跑车属于轿车类，是一种追求高速度的汽车。跑车的分类有很多种，按类型可分为轿跑、敞篷跑车、双门跑车等，按价值可分为平民跑车、豪华跑车、超级跑车等。

1789 年一个叫奥利佛·埃文斯的美国人取得了第一辆自动客车的美国专利。这是一辆四轮车，在车的后边还有一个桨轮，所以既可以在陆地上行走，也可以在水上行走。它的重量是 21 吨。

80 年以后，另一些人继续试验路上行走的由动力驱动的客车。大部分都是用蒸汽驱动的，也有少数是用电驱动的，但必须带很大的电池。到了 19 世纪 80 年代，汽油机的发明和充气轮胎的发明促使人们终于造出了我们今天所说的汽车。

第一辆汽油驱动的汽车是由一个叫戈特利布·戴姆勒的德国人首先在道路上开动的。在汽车刚刚开始成功地行走之后，人们的注意力便转向使汽车更舒服一点、更坚固一点。汽车制造商不久后就发现，马车的脆弱结构不适于制造舒服的汽车，于是类似我们今天熟见的那个样子的汽车便开始渐渐地出现了。发动机从座位下面拿开，放到前面。更坚固的车轮代替了装有车条的自行车轮或马车轮。方向盘代替了“舵柄”。最后钢代替了木头，制造出更坚固的车架。现代汽车终于变成现实了。

电车为什么有“小辫子”

提到电车，相信大家不会感到陌生，它最引人注意的地方，当然就是车顶上那两根搭在电线上滑行的集电杆，人们常常形象地称之为电车的“小辫子”。

拓展阅读

电车优点

电车的主要优点是节省燃料、不污染城市空气；与公共汽车相比，运行成本低、使用寿命长，并具有较高的启动加速度和上坡能力，必要时还可实现把车辆的位能和动能转化为电能。电车的接触网和变电所的初投资大，在安全条件允许下，适当增加接触网电压，可以加大变电所之间的距离，减少供电设备的初投资。

我国最早于 1914 年在上海开始运行无轨电车，1950 年以来，相继有 24 个城市兴建了无轨电车系统。在城市交通中，电车有不少比公共汽车优越的方面，例如，它不会排放有害气体，行驶时噪声低，牵引性能好，驾驶操作十分简便。尤其是在崇尚绿色环保的今天，电车的发展更加受到重视。但是，乘坐电车也会遇到麻烦，那就是电车上的“小辫子”在一定程度上限制了电车的行驶速度，并且在道路行驶带上有一定范围的限制，行驶中稍有不慎，就容易“翘辫子”（集电杆与架空电线脱离），导致电车抛锚。

电车能不能不要“小辫子”呢？

电车的外观和结构虽然与公共汽车差不多，它们的动力来源却大不相同。汽车是靠燃油发动机来发动的，而电车则是靠电能来驱动的。不过，电车上的电能并不是由车上自身携带的发电机提供的，而是依靠特别的集电装置来获得动力。电车顶上装有两根带有触轮的集电杆，它和专门架设的两根架空电线相接触。电流由一根电线通过集电杆，经控制设备到达电车上的牵引电动机，然后经另一根集电杆到另一根架空电线，形成回路，从而使电车获得行驶时所需的动力。一旦任何一根集电杆脱落，就好比断开了电路开关，电流就一下子中断，电车也就失去了动力来源，当然无法继续前行了。所以，“小辫子”对于电车来说，虽然不太方便，却又是必不可少的。

什么样的车叫概念车

在一些大型车展中，我们可以看到，常常出现各种各样造型奇特、外形美观的新型车辆，它们往往被冠以“概念车”的名称。“概念车”一词是由英文“concept car”翻译而来的，它是一种介于设想和现实之间的中间产物，主要用于车辆的研究和试验，可以为探索汽车造型提供可靠的科学依据。可以说，概念车的开发过程，实际上就是新款汽车设计诞生的孕育期。

概念车虽然尚未进入市场，但它作为尝试性的设计，是汽车造型设计中充分发挥想象力和突出特殊风格的园地。概念车的设计，大都以改进汽车的空气动力性为主要目标，尤其是着重降低汽车行驶过程中所受的空气阻力。所以，概念车的流线型车形常常给人留下深刻的印象。

当然，除了新颖的外形，概念车作为车展中的样品车，在内部结构上，也常常尽可能地采用各时期最先进的技术、最新型的材料和最合理的设计方式。可以说，概念车集中了当今世界各个科技领域中最先进的科学技术成果，是汽车行业中的尖端产品。

虽然概念车在某些方面还不具备成为商品车的条件，如制造成本昂贵，某些设计思想不一定符合实际情况，等等。但它作为一类具有超前意识的理想化汽车，对汽车设计的启发和推动却是不可忽视的。

运动型轿车和跑车的差别在哪

在众多外观漂亮的汽车中，运动型轿车和跑车常常特别引人注目。可是，你知道它们有什么不同吗？

跑车是一种双门单排座的小汽车，有固定车顶的，也有可折叠篷顶的；运动型轿车则是指加速性、操纵稳定性和制动性能等都较好，车速也较快的一类轿车，它可有两门或四门。

运动型轿车是一类追求舒适和实用的汽车，而跑车则是一些车迷“玩”车的对象。对跑车驾驶者来说，开车本身就是目的，讲究驾驶乐趣，要求转向准确、拐弯快速。所以，跑车多用中置发动机，尽量使发动机转速保持在最佳状态，且采用机械变速器而不用自动变速器。驾驶跑车在进行长途旅行时通常不易感到疲劳，因为这类车子的直线性较好，在高速行驶时风声较小；此外，由于乘员位置设在汽车重心附近，因而感觉车身震动较小。

那么，怎样从外观上一眼就区分出双门运动型轿车和跑车呢？两者的外观差异主要在轮胎上：跑车因为功率大，所以采用宽断面的轮胎。当同级双门轿车的轮胎断面宽度为 195 毫米时，跑车的非驱动轮断面宽度即为 205 毫米，而驱动轮断面宽度更是达到了 225 毫米。

越野车的名字是如何得来的

所谓越野车，顾名思义，是说那些能轻松地翻山越岭的汽车。

越野车的设计结构不同于普通汽车。越野车的功率一般比较大，它的四个车轮全都具有驱动功能，而普通汽车一般采用后面两轮驱动，因此，越野车在爬坡时常常显得特别“轻松”。越野车的刹车性能也十分优良，非常适合于需要急停急动的复杂道路条件。

更重要的是，越野车的底盘离地较高，这样，在高低不平的路面上行驶时，就不易碰伤车体了。同时，越野车的转弯本领也极高，能在很小的范围内转弯、掉头，这当然特别适合在山地公路上行驶了。

另外，越野车的轮胎通常比较大，也比较宽，这样就能提高车辆的离地间隙，增加轮胎与地面的接触面积。我们知道，汽车在松软的路面和沙滩上行驶时，车轮会因陷在泥沙中而大大影响行进速度，而宽轮胎就可以缓解车轮下陷的程度，从而保证汽车的驱动性能。目前，许多越野车采用调压轮胎，汽车在行驶时，驾驶员可以根据不同路面来调节轮胎气压，改变轮胎的宽度。如汽车在坚硬的路面上行驶时，可保持较高的胎内气压，以减少滚动阻力和轮胎的磨损；当汽车行驶在松软的泥沙路面上时，可使胎内气压降低约一半；如果是在沼泽地带或雪地上行驶，胎内气压可再减小一半，以便加大轮胎与地面的接触面积，降低轮胎对地面的压力，提高其附着性能。

越野车有这么多优良的性能，难怪它能轻松地翻山越岭。

广角镜

中国二代军车

中国二代军车定名为“勇士”。2002年9月，中央军委批准了二代军车的研发项目。继我国第一代军车“BJ212”系列之后，北京吉普再次成为独家定点研制和生产二代军车的企业。北京奔驰执行副总裁介绍说，“勇士”凝聚了北京吉普合资二十多年的技术积淀，是100%自主知识产权的结晶，它让外方对中方技术团队的研发能力刮目相看。

汽车是怎样刹车的

汽车因为车轮的转动才能够在道路上行驶，当汽车要停下来时，怎么办呢？驾驶者不可能像动画片中一样的把脚伸到地面去阻止汽车前进，这时候就得依靠车上的刹车装置，来使汽车的速度降低以及停止了。

刹车装置藉由刹车片和轮鼓或碟盘之间产生磨擦，并在摩擦的过程中将汽车行驶时的动能转变成热能消耗掉。常见的刹车装置有“鼓式刹车”和“盘式刹车”二种型式，它们的基本特色如下：

一、鼓式刹车：

在车轮毂里面装设二个半圆型的刹车片，利用“杠杆原理”推动刹车片使刹车片与轮鼓内面接触而发生摩擦。

二、盘式刹车：

以刹车卡钳控制两片刹车片去夹住轮子上的刹车碟盘。在刹车片夹住碟盘时，其二者间会产生摩擦。

汽车在湿滑或结冰的低摩擦路面上行驶时，如果发生过度刹车的情况，则车轮会被刹车装置锁死而失去抓地力，导致车辆失去控制方向的能力。为了使车辆在这种危险的路面上能够有效控制前进的方向，于是研发出 ABS “防抱死刹车系统”。

轮胎上的花纹有什么作用

绝大多数车辆，使用的都是带有凹凸不平花纹的橡胶轮胎。这是为什么呢？

原来，车辆轮胎上带有花纹，是为了加大车轮与地面间的摩擦力，防止车轮在路面上打滑。例如，我们穿上底面已经磨光的球鞋在结冰的马路上走，很容易摔跤，这是因为鞋底与地面的摩擦力太小。而穿上鞋底有花纹的新球鞋，就不容易滑倒了。车轮上有各种花纹，也是同样道理。

拓展阅读

轮胎的安装

1. 使用标准轮圈，已变形或损伤之轮圈切勿使用。

2. 轮圈与轮胎组合前，请先清理轮圈与轮胎，不可有杂物留置于内部。

3. 轮圈与轮胎组合前。可使用橡润滑剂或肥皂水擦拭胎唇轮圈凸缘，切勿使用油性润滑剂。

在轮胎上设置花纹，起始于 1892 年前后。开始时，轮胎花纹非常简单，仅是些直线型的棱花。以后，随着车辆载重量的增大和行驶速度的日益提高，以及路面的改进，轮胎花纹才逐渐变得多样、复杂起来。现在，人们习惯将车轮花纹分为通用、高越野性和联合式花纹三大类，而它们的几何形状大体有纵向直线、横向直线、斜线、块形和混合式等五种。

通用花纹也叫公路花纹，是使用最早而又最普遍的一种，如公共汽车轮胎上常见的纵向直线型和锯齿型花纹，它们可以消除噪音，所以也称无声花纹。高越野性花纹专供车辆在荒野及松软土地上行驶，块大，都带有宽而深的“啃泥”花纹沟，行驶时不易夹石、藏土和打滑，这些花纹也特别适用于牵引力和对地面抓着力要求高的拖拉机、起重机。联合式花纹的轮胎既能在硬性路面和沙砾路上行驶，亦可以行驶于松散、泥泞或冰雪路面上。针对我国地形复杂、公路路面质量差别很大的情况，这种联合式花纹有它特殊的使用价值。

冷藏车有什么特点

随着交通运输事业的发展，以及人们生活需求的不断提高，冷藏船、冷藏集装箱等储运工具和方式相继出现，为冷藏物资的运输提供了更便捷的选择。

过去，一些冷藏车采用加冰冷藏的方式来制冷，也就是在冷藏车的车厢内，放置许多大块的冰块和盐的混合物，这能使车厢内环境温度保持在－8℃以下。可是，这种制冷方式只能维持有限的一段时间，如果要进行长途冷藏运输，必须在运输线路沿线设置一系列加装冰盐的场所，以使冷藏车不断补充“冰源”，保持冷藏效果。

现在，机械冷藏车得到了更广泛的使用。它的工作原理和家用电冰箱基本相同，也是通过制冷剂吸收热量后汽化，汽化后的制冷剂进入压缩机增压和升温，再进入冷凝管冷却成液体，随后进入新一轮吸热制冷过程。机械冷藏车能长时间地使车厢内温度保持在－18℃以下，因此，许多人把这种冷藏车称为“移动的超级大冰箱”，既形象，又准确。

冷藏车的出现，使许多容易腐烂变质的水果、肉类、冷饮等食品，能够在冷冻保鲜的条件下实现长距离运输。

什么是方程式赛车

许多人都对一级方程式赛车的外形颇感兴趣：它的车身看上去特别矮，前面还装有一块鸭嘴一样的薄板，车轮显得又宽又大，与一般的汽车大不一样。赛车为什么要设计成这种怪模样呢？

原来，方程式赛车的速度特别快，因此，降低车身十分有利于减小空气阻力。但即使采用扁平的流线型车形，赛车在高速行驶时，迎面而来的气流，仍有一部分会“钻”入车底，产生巨大的升力，使赛车产生向上“漂”起的倾向，从而失去控制。科学家经过研究发现，在车头和车尾装上翼形的扰流板，就能防止气流下钻，减小其举升力；而且，从车顶一跃而过的气流，反而增强了赛车轮胎和地面的附着力，大大提高了赛车操纵的稳定性。

赛车的轮胎特别宽大，这也是为了最大限度地增强赛车的地面附着力。赛车在急转弯或加速时，整个重量主要落在后轮上，因此，赛车的后轮设计得更为宽大，以增加车辆的稳定性。比赛中，经常可以看到赛车驶入维修站，工作人员以最快的速度为其更换轮胎，而后重新驶向赛道。这是由于赛车车轮是用柔软的黏性橡胶制造的，其表面没有任何花纹和沟槽，这也是为了尽可能加大轮胎与地面的接触面积。但同时，高速旋转的车轮与地面产生的剧烈摩擦，使其磨损十分严重。因此，一场比赛下来，赛车往往要更换好几次轮胎。

磁悬浮列车的原理是什么

1911 年，荷兰物理学家昂内斯将水银冷却到 -40℃，使它凝固为一条线，并对它通以电流。当温度降至 -268. 9℃时，他发现水银中的电阻突然消失了。后来，人们把这种电阻突然消失的现象叫做“超导”现象。进一步的研究发现：处在超导状态下的物质，具有完全导电性和完全抗磁性两个基本特性。超导体的完全抗磁性，会对磁铁产生一个向上的斥力，足以抵消磁铁下落的重力，于是磁铁便会悬空飘浮。

知识小链接

水　银

水银是一种有毒的银白色一价和二价重金属元素，它是常温下唯一的液体金属，游离存在于自然界并存在于辰砂、甘汞及其他几种矿中。常常用焙烧辰砂和冷凝汞蒸汽的方法制取汞，它主要用于科学仪器及汞锅炉中，元素符号 Hg。

磁悬浮列车就是利用磁极同性相斥的原理，将超导磁体安装在列车底部，其线圈内流着持久的激磁电流，产生很强的磁场，再在轨道上铺设连续的良导体薄板。电流从超导体中流过时，产生磁场，形成一种向上的推力，当推力与车辆重力平衡时，车辆就可悬浮在轨道上方一定的高度了。通过改变电流来控制磁场强度，就能使悬浮高度得以调整。这种悬浮的车体因与轨道间没有机械接触和摩擦，所以运行时无震动、无污染，也不会脱轨，而且由于摩擦阻力减小，行车速度大大提高。

磁悬浮列车集计算机、微电子感应、自动控制等高新技术于一体，运行时的悬浮、启动、加速、转弯、减速、停车、下落等各环节，均已实现了自动控制，并做到准确无误，安全可靠。

列车编组有什么好处

人们常常会看见几十节的货运列车排成长龙行驶，但它们并不一定到达同样的目的地。各节车厢首先要在始发站进行编组，在途中又要进行改编才能到达各自的目的地。列车为什么要编组呢?

我国是一个地域宽广而自然资源极不平衡的国家，因此，铁路交通运输负担着繁重的资源调运任务。我国建有庞大的铁路网，遍布全国各大中城市。其中有些城市规模并不大，却是极为重要的交通枢纽，在这些城市常常设立列车编组站。以上海地区运往沈阳地区某站的货物列车为例：首先，货物在杨浦站某站台装车后，由调车机车将这车货与其他站台装了货的车厢连接起来。这些车厢可能会驶向各个不同的方向，但都先要拉到南翔编组站，在那里，这些货车将被拆解，把其中经沪杭线向南去广州、昆明的车厢拉出来，再把要经沪宁线去北方的车厢连挂上去，挂足50节后便编为一趟列车。这趟北上列车到达的第一个编组站是南京东站，这时，把去芜湖、铜陵方向的车厢分出来，将南京地区北上的货车编进来，继续北上。就这样，列车在到达沈阳之前还要经过徐州北、济南西、山海关等几个编组站，每个编组站都要进行类似南京东站那样的改编作业，把上海至山海关线路上以沈阳为到达站的货车编进来，最终行驶到达目的地沈阳。

可见，编组能大大优化列车行驶的方向调配和运送效率，使南来北往的物资在合理的编组调度下，及时地到达目的地。

交通信号如何发展起来的

随着汽车的出现和发展，如何让汽车、人以及其他交通工具在道路上科学合理、安全有序地行驶越来越重要，在此过程中，交通信号发展了起来。最初的交通指挥者是步行的巡警。他们靠手势指挥交通。后来，有了手动的交通信号灯。直到 20 世纪 20 年代初，自动交通信号灯才开始使用。

拓展阅读

交通信号分类

交通信号分为：交通信号灯、交通标志、交通标线和交通警察的指挥。

但是还有一个重要的问题解决不了，那就是一个十字路口的交通流量一天要改变多次。1927 年，有两个人获得了“流量调制灯”交通控制装置的专利。这种装置能根据一个十字路口当时的交通流量来调整交通信号灯。这种装置中的一种，是由耶鲁大学的霍教授发明的，1928 年 4 月首次在康涅狄格州的纽哈文投入使用。这种装置是由放在路面上的能感受压力的探测器控制的。如果有一辆轿车压过探测器，控制信号灯的电极就立刻会收到信号，信号灯就会给驶来的轿车开绿灯。我们今天仍然使用着这种交通信号灯，只是作了些改变。

也是在 1928 年，阿德勒发明了另外一种信号灯。它是用麦克风来发出信号。当一个司机遇到红灯停下，并按响汽车喇叭时，麦克风就会将声音传给控制信号灯，马上红灯就会变成绿灯。今天，人们还使用着其他一些声控换灯装置。

为什么要左驾右行

在我国，人们已经形成了这样的行车习惯：车辆靠右行。由于车辆靠右行驶时，在车辆的左侧更容易观察前后左右的来往车辆，所以，方向盘通常就设在车辆的左边。这就是“左驾右行”。

车辆靠右行的交通规则，源于18世纪的法国大革命时期，后来陆续为欧洲许多国家和美国等国家所采用。不过，英国、日本及大多数亚洲国家，却实行车辆靠左行驶的规则，在这些国家中，方向盘是设在汽车右侧的。

其实，“左驾右行”制度在我国也并非一贯如此。从1840年鸦片战争到1945年抗日战争胜利期间，我国的车辆运营曾有过六十多年的左行、三十多年的左右混行的杂乱局面。

1840年鸦片战争后，随着中英《南京条约》的签订及五大通商口岸的开放，英国的车辆左行制也传入我国。1894年甲午战争后，日本人力车的左行制度也对我国产生了很大的影响。1900年八国联军侵华后，列强割据，租界林立。在这样的环境下，左驾右行、右驾左行的各式汽车横行神州，混乱的情况一直延续到20世纪30年代。1934年12月24日，当时的国民政府颁布了《陆上交通管理规则》，正式确定“车辆一律靠左行”，但此规则仅实行了十余年。抗日战争胜利后，由于盟军遗留下大批左驾右行的汽车，同时，人们对帝国主义侵华带来的左行制抱有强烈的反感，当时的交通部牌照管理处制定了“我国境内车辆靠右行驶”的法定规则，方才实现了全国统一的人、车皆靠右行。

中华人民共和国成立后，左驾右行的制度被延续了下来。1988年3月9日，国务院颁布了《中华人民共和国道路交通管理条例》，其中明确规定了“驾驶车辆，赶、骑牲畜，必须遵守右侧通行的原则”。

高速公路上为什么没有路灯

你若有夜间乘车行驶在高速公路上的经历，你会发现高速公路上没有路灯，这是怎么一回事呢?

普通公路上，一般都有路灯照明。可是路灯照明度很差，而且发出的是散射光，容易使行驶中的司机目眩，有时反而难以辨认交通标志、路面标线以及障碍物等。高速公路上车流量大、车速快，照明要求高，如果因为路灯照射而影响驾驶员的观察，就会酿成大祸。因此，除了途中的加油站、修理所、控制室等路段外，高速公路上通常不采用路灯照明。

不过，在高速公路上行驶时，也不是一片漆黑。人们采用了一种新型的材料——玻璃微珠制成的反光膜铺贴在路边的交通标志、路面标线和其他交通设施、建筑物上，成为反光标志。它们平时不发光，只有当遇到汽车前灯的强光照射时，这些反光标志才会将光线定向地反射到司机的眼睛里。这种反光标志的反射率要比普通油漆强百倍，反射距离可达 1 000 米。也就是说，司机可以在 1 000 米之外就发现这些反光点；在距离 400 米处，可以分辨出这些标志的颜色、图形和符号；在距离 200 米左右，还可以看清标志上的文字。它们像发光的宝石一样撒在繁忙的高速公路上，保证了夜行车辆的安全。

什么是单行道

在乘坐出租车时，常会遇到这样的情况：明明有直达便捷的道路，但司机却避而不走，绕道行驶。这并不是出租车司机欺客，而是由于有些道路实行的是单向行驶，人们把这种道路就叫单行道。

拓展阅读

纽约解决交通拥堵的措施

到纽约曼哈顿上班的人，是从家里开车到市郊地铁站或火车站再换乘地铁或火车进入市区，在市内的活动靠公共汽车、地铁和出租汽车。曼哈顿许多街道只有持特殊牌照的车辆才能停车上落货和上落客，其他车辆停车就予罚款。

单向行驶又称为单向交通，它是指在某一条道路上，车辆只准向一个方向行驶。这是提高道路通行量的一种管理措施。大家知道，城市交通拥挤阻塞的关键在路口。一条双向交通道路的每个路口，仅汽车直行与左转、右转等平面相交的冲突点就有 16 个之多，使得车辆通过路口时，因等候时间过长而引起堵塞。实行单向交通后，汽车只准单向行驶和右转弯，不准逆向行驶和左转弯，使路口的冲突点减至 4 个，降低了 3/4。路口的通行量明显提高，车速加快，车流量也得到大幅度提高，而且交通事故率明显降低。以上海市石门路、瑞金路和陕西路为例，从 1994 年实行单向交通后，经测算，车速提高了 20%，车流量提高了 30%。

在设置单向行驶的路段时，往往要考虑到相反方向行驶的车流的协调合理，如平行的两条相邻的道路，可同时设定为单向行驶路线，但方向相反；或在某些十字路口允许车辆左转弯，这样就能满足不同方向车流的行驶要求了。

电子·电脑

QINGSHAONIAN
BIZHI DE KEXUE ZHISHI

电子是构成原子的基本粒子之一，质量极小，带负电，在原子中围绕原子核旋转，不同的原子拥有的电子数目不同。

现在电脑是十分普及的工作和生活中都离不开它。电脑常见的形式有台式计算机、笔记本计算机、大型计算机等，较先进的计算机有生物计算机、光子计算机、量子计算机等。

作为新时代的青少年，更应该掌握现代科技产品。如果赶不上时代的浪潮，迟早会和社会脱节。

现在还有电报吗

电报，是用电信号传递文字信息的一种通信方式。在通信越来越迅捷的今天，电报已经基本上从我们的生活中消失了，但它曾经在一段时期中对社会的发展起过很大作用。

电报是用户将书写好的电报稿文交由电信公司发送、传递，并由收报方投送给收报人的一种通信业务。由于通信事业的不断进步和发展，现在人们对电报的使用已经愈来愈少了，但是电报因其可靠性高的特点仍然为一些用户所青睐，再加上新业务的不断开发，又增加了礼仪电报等新业务，使电报尚未退出历史舞台。

礼仪电报是一种以礼仪性交往为目的的电报，它迅速、及时，充满温馨，应用范围十分广泛。亲朋好友、团体或单位表示祝贺时，邀请宾客或遇哀悼事件时，都可以使用礼仪电报。礼仪电报可以把发报人的祝贺词、慰勉词传给对方，同时还配有各种精美图案的礼仪卡。目前我国开办有庆贺电报、请柬电报、鲜花电报、吊唁电报。

电话是怎样发明的

电话是通过电信号双向传输话音的设备。现在已经随处可见，甚至因为手机的普及，它的数量反而下降了。电话的发明是人类通信史上的一个跨越。电话的出现使人们实现了实时通信，再也不用等信、等电报了。

基本小知识

贝　尔

亚历山大·贝尔是美国发明家和企业家。他获得了世界上第一台可用的电话机的专利权，创建了贝尔电话公司，被世界誉为“电话之父”。

1875 年 6 月 2 日，亚力山大·格雷厄姆·贝尔正在波士顿试验同时在一条线上送出几个电文的想法，他用的是一组弹簧钢片。当他在房间内用他的收报机工作时，他的助手托马斯·沃森正在另一房间内用发报机发报。

沃森拨弄了一下钢片使它振动起来，发出了哨的一声。

突然贝尔冲了进来，冲着沃森喊道："什么也别动，你干什么呢？让我看看。"他发现，钢片在磁铁上的振动，引起了强弱变化的电流，电流流过电线，使贝尔房间内的簧片也振动起来，并产生了哨的一声。

第二天，第一台电话机就做出来了。从这第一条电话线传来的嗓音是可以辨认的，声音从楼顶向下传了两个楼梯段。第二年 3 月 10 日，沃森通过电话机听到了第一句话，"沃森先生，这儿来，我需要你。"

后来，电话不断地发展改进，就成了我们现在用的样子。

最早的手机是如何产生的

手机的学名叫移动电话，英文是 mobile telephone，是可以在比较广的范围内使用的便携式电话终端。

便携式电话的概念最初是美国新泽西州朗讯技术公司贝尔实验室于 1947 年提出的。第一部真正的便携式手机是摩托罗拉公司的马丁·库珀（美国）发明的，有两块砖头那么大。1973 年 4 月 3 日，他向竞争对手——贝尔实验室研究主管乔尔·恩格尔打了第一个电话，实现了成功通话。

随后的 30 多年里，手机的发展越来越迅速。1991 年时，手机的重量为 250 克左右；1996 年秋，出现了体积为 100 立方厘米、重量 100 克的手机；此后手机又进一步小型化、轻型化，到 1999 年就轻到了 60 克以下，也就是说，一部手机比一枚鸡蛋重不了多少了。

除了质量和体积越来越小外，现代的手机的功能也越来越多。除了最基本的通话功能，新型的手机还可以用来收发邮件和短消息，可以上网、玩游戏、拍照，甚至可以看电影。

什么是电脑

“电脑”这个名字从20世纪末开始在我国流行起来。究竟什么是电脑呢？其实，它的学名叫电子计算机。电子计算机不过是由电子元器件等组装起来，能够自动、高速存储和加工信息的一种机器罢了。

世界上有成千上万种机器，为什么只把“电脑”的美名授予电子计算机呢？这是因为别的机器只能模仿人的体力劳动，不过是人类四肢的延伸；而电子计算机却能模仿人的脑力劳动，成为人脑的延伸。它能把人类从大量繁重的脑力劳动中解放出来。因此人们亲切地称它为“电脑”。

由于电脑记性好，会思考，所以在机器人身上，它俨然充当“大脑”的重要角色，指挥身体各部分协调动作，模仿人完成各种任务。例如，它可以使机器人说话唱歌在晚会上迎送宾客；它可以使机器人走路搬运物品当个忠实的服务员；它还可以使机器人在高温或有毒的恶劣环境里工作，代替人执行任务。电脑给其他机器带来了灵感和智慧。

电脑的灵感和智慧又是从哪儿来的呢？当然是人赋予它的。由于人类科学的进步，才使电脑问世，并日益地发挥作用。

什么是软盘

软盘曾经在电脑中具有至关重要的作用，它具有良好的存储功能，可以对小数量数据进行存储和备份。在日常生活中，软盘能够帮助使用者交流、移动电脑中的资料等，其作用不能小视。

1971年，IBM公司的工程师在阿兰·舒格特的带领下，成功研制出了世界上第一张软盘。由于这种盘具有良好的柔韧性，所以被命名为软盘。在此之后，人们不断地对软盘进行改进，于1976年创造出了一种5英寸软盘和相应的驱动器。这种体积小、性能卓越的软盘的出现使IBM公司的产品开发得以加快进行，配有相应驱动器的电脑一经面世就轰动了全球。

什么是 CPU

CPU 是中央处理单元（Central Processing Unit）的缩写，一般简称为微处理器或处理器。

CPU 是计算机的核心，其重要性好比大脑对于人一样，由它负责处理、运算计算机内部的所有数据，主板芯片组则更像是心脏，它控制着数据的交换。CPU 的种类决定了你使用的操作系统和相应的软件。CPU 主要由运算器、控制器、寄存器组和内部总线等构成，是 PC（个人电脑）的核心，再配上储存器、输入/输出接口和系统总线组成为完整的 PC。寄存器组用于在指令执行过后存放操作数据和中间数据，由运算器完成指令所规定的运算及操作。

CPU 的起源可以追溯到 1971 年。在那一年，当时还处在发展阶段的 INTEL公司推出了世界上第一台微处理器 4004。这不但是第一个用于计算器的 4 位微处理器，也是第一款个人有能力买得起的电脑处理器。4004 含有 2 300个晶体管，功能相当有限，而且速度还很慢，当时的 IBM 以及大部分商业用户都不屑一顾，但是它毕竟是划时代的产品，从此以后，INTEL 公司便与微处理器结下了不解之缘。

第一台台式电脑是什么时候出现的

所谓个人电脑就是现在人们广泛使用的计算机，又称个人计算机，区别于早期的用于科学或其他研究领域的大型电脑。个人电脑在机型上分为台式电脑与笔记本电脑，在系统上分为 IBM 整合制定的 IBMPC/AT 系统标准，以及苹果电脑所开发的麦金塔系统。

1977 年 6 月 5 日，乔布斯的苹果公司推出苹果Ⅱ型计算机，这是世界上第一台个人电脑。苹果Ⅱ以彩色图形为特色并用盒式录音磁带存储信息。它的出现大大改变了那个时代电脑沉重粗笨、难以操作的形象，它具有小巧轻便、操作简便的特点，整机只有 5. 5 千克，仅用 10 只螺钉组装，塑胶外壳美观大方，看上去就像一部漂亮的打字机。

知识小链接

乔布斯

史蒂夫·乔布斯，发明家、企业家、美国苹果公司联合创办人、前行政总裁。1976年乔布斯和朋友成立苹果电脑公司，他陪伴了苹果公司数十年的起落与复兴，先后领导和推出了麦金塔计算机、iMac、iPod、iPhone等风靡全球的电子产品，深刻地改变了现代通信、娱乐乃至生活的方式。

什么时候开始有笔记本电脑

1985年，东芝推出T1000，第一次给人们带来了“笔记本电脑”的概念。这台T1000采用Intel8086 CPU，512KB RAM，并带有9英寸的单色显示屏，没有硬盘，可以运行MS-DOS操作系统。在此之后，笔记本电脑相关的各种新技术、新产品才纷纷出现，笔记本电脑市场开始全面快速地发展。

互联网是如何发展的

随着电脑的广泛使用，如何使不同电脑上的资源共享，成为人们探索的方向。

1969年11月，美国国防部高级研究计划管理局（Advanced Research Projects Agency）开始建立一个命名为ARPAnet的网络，共有四个结点，分布在洛杉矶的加利福尼亚州大学洛杉矶分校、加州大学圣巴巴拉分校、斯坦福大学、犹他州大学四所大学的四台大型计算机。ARPAnet网络起初是为了便于这些学校之间互相共享资源而开发的，后来覆盖北美、欧洲。到了1975年，ARPAnet已经连入了一百多台主机，并结束了网络试验阶段，移交美国国防部国防通信局正式运行。

ARPAnet网络采用分组包交换机制，通过专门的接口信号处理机（IMP）和专门的通信线路相互连接。作为Internet的早期骨干网，ARPAnet的试验奠定了 Internet 存在和发展的基础，尤其是 TCP/IP 协议簇的开发和利用，较好地解决了异种机网络互联的一系列理论和技术问题。

1986 年，美国国家科学基金会（National Science Foundation，NSF）利用 ARPAnet 发展出来的 IP 的通信，在五个科研教育服务超级电脑中心的基础上建立了 NSFnet 广域网。

ARPAnet 和 NSFnet 是现在广泛使用的 Internet 的基础。

第一个电脑病毒是什么时候出现的

电脑病毒的概念其实起源相当早，在第一部商用电脑出现的好几年前，电脑的先驱者冯·诺伊曼（John Von Neumann）在他的一篇论文《复杂自动装置的理论及组织的进行》里，已经勾勒出病毒程序的蓝图。

最早发现病毒的记录，则是 1982 年 Xerox 旗下 XeroxPaloAlto 实验中心里两位研究人员 John Shoch 和 Jon Hupp 发现一个有缺陷的程序，会自动复制、传送到不同的服务器里，但这个病毒只在 Xerox 的实验中心里流窜，没有感染其他电脑。

世界上公认的第一个在个人电脑上广泛流行的病毒是 1986 年初诞生的"大脑（Brain）"病毒。编写该病毒的是一对巴基斯坦兄弟，两兄弟经营着一家电脑公司，以出售自己编制的电脑软件为生。当时，由于当地盗版软件猖獗，为了防止软件被任意非法拷贝，也为了追踪到底有多少人在非法使用他们的软件，于是在 1986 年年初，他们编写了"大脑（Brain）"病毒，又被称为"巴基斯坦"病毒。该病毒运行在 DOS 操作系统下，通过软盘传播，只在盗拷软件时才发作，发作时将盗拷者的硬盘剩余空间吃掉。

电脑排版有什么优势

现在，书刊、报纸已经采用电脑排版了，为什么电脑可以代替铅字排版？

这是因为电脑中可以储存成千上万排版需要的文字、符号，其中包括汉字，常用符号，英、日、俄、希腊文字，国际音标，汉语拼音等。而且它还能让人利用这些字符输入文章，编辑、排版，同时把排好的文章保存在电脑中。然后，它能控制打印机把文章清样打印出来，白纸黑字，十分清晰，便于人们校对。如果发现排版有错，还可以让人们很方便地把原文章显示在荧光屏上，边看边修改，直到完全正确为止。最后，它还能与各种输出机，如激光印字机或激光照排机连接，把这些文章组成的书页或报纸印刷出来，或制成版供大批量印刷。

此外，电脑排版还比铅字排版有着更多的优越性。例如，它有不同的汉字字体供用户选择，而且还可以由用户自己挑选字号大小、排版方式、标点格式等。在排数学书籍时，还可进行上下角标、开方、矩阵、行列式代数竖式排版，并能自动把数学公式中心对齐，根据内容大小配合合适的括号、绝对值线、根号、分数线等。若要排化学书籍，它还可完成化学结构式、反应式的排版。另外，我们还可利用它列表格、画花边、加重线，使版面更活泼、美观、重点突出。总之，用普通的电脑，再配上相应的软件，就可以排出各种版式复杂的书刊，既灵活方便，又简单易学。人们只要经过短期培训，就会使用它。

> **你知道吗**
>
> **排版**
>
> 现在的排版公司主要服务于出版社和书商。排版除了传统印刷品之外还包含电子书、电子杂志等。排版是一个与报纸、印刷业或出版业相关的行业。

因此，这种新技术受到人们普遍的欢迎，不少报社、印刷厂、出版社都在推广使用，很多院校、机关也纷纷订购必要的电脑软、硬件。电脑排版技术正以它的快速、灵活提高着编、校、印刷的工作效率，满足着人们对印刷业的不同需求。

电脑在工业生产中有什么作用

随着社会的发展，电脑在各个领域都发挥了重要的作用。自从电脑踏入工业设计领域以来，工程师们可以利用现成的软件，很快地把设计图形及数据输入电脑。一旦需要修改，只需输入修改的有关命令，电脑就会很快执行。等到修改完毕，再发一道命令，电脑就会根据设计方案制作出详尽的工程图纸。有了这样既听话又聪明的帮手，工程师们就能腾出时间去构思更新更好的产品了。

在工业制造过程中，电脑又可以充当生产调度的助手。它能以极快的速度，对原材料、设备、工人的需要量进行一系列复杂的计算，并选出最佳方案，供管理人员参考。

在工业生产车间，电脑能代替人控制生产的各种环节。例如生产味精的发酵阶段，需要控制温度、压力和酸碱度。用人工控制时，由于工人的技术熟练程度不同，经验不同，以及外界对人的干扰等种种原因，生产很不稳定，产品的质量和产量波动很大。有的厂采用了电脑来控制，日产量可以提高两三吨，增加利润近三万元，效果极为显著。

基本小知识

味　精

味精是调味料的一种，主要成分为谷氨酸钠。味精的主要作用是增加食品的鲜味，在中国菜里用得最多，也可用于汤和调味汁。

电脑在交通运输中有什么作用

从20世纪60年代起，电脑开始应用于城市交通管制。初期的做法是对道路交叉点实行“点控制”，也就是用电脑中预定的程序，按固定的周期规律来自动变换红灯状态，指挥交叉路口的车辆。后来进一步发展，电脑可对一条道路实行全线的“线控制”，也就是在各交叉路口安放好传感器，对车辆进行探测，然后由导线把传感器采集的信息送给计算机，经计算机分析、计算和判断，再控制各交叉路口的红绿灯，指挥交通。电脑对交叉点密集区还可进一步实行“面控制”，即通过在各交叉点安放好的传感器，连续采集交通流量信息。计算机一面分析处理数据，一面向全区各交叉点的红绿灯发出控制命令，使通过该点的交通流量最佳化。

在铁路、航空、航海运输中，电脑不但可以管理自动订票、售票系统，合理安排旅客和货物，提高运输能力的利用率，而且能科学地调度车辆、飞机、轮船，制导和导航，显示飞行或航行数据，还可以对航空、航海中潜在的碰撞危险发出警告，监视、控制货物、燃料及电气设备。

总之，电脑能比人更有效地监督系统和操纵运输工具，减少人由于疲劳、不慎造成的错误，使各种运输更经济、有效、安全、可靠，从而为人们提供更高水平的服务。

为什么要发展光纤通信

1838 年，莫尔斯发明了电报，世界跨进了电信时代。1844 年，第一条电缆电报线路建成，人们实现了长距离传送信息的设想。1887 年，赫兹发现了长波电磁辐射现象，科学家们把信息“装载”在电磁波上，使之从一个地方传到遥远的另一个地方，实现了“无线电”通信。

知识小链接

通 信

一百多年已经过去，人类的通信史依旧在不断地进化。从两个罐头盒加一根线开始，人类就在探索如何利用工具进行远端通信，电报、电话、拨号盘电话、按键电话、手机、短信的路途中努力。

因为无线通信所依赖的介质是大气电磁空间，所以保密特性极差，于是科学界研究的重点开始转到光纤通信上来。

光纤通信如同电缆通信一样，其结构由三部分组成：信号发射端，光纤传输，信息接收端，在信号发射端，声、光、电或其他形式的信号，经过转换和编码后均变成光信号，将其载波到激光上，这种经过调制的激光信号注入到光纤里，通过光纤传输到遥远的地方去，在那里有一台接收装置，该装置把有用的光信号从激光中调节出来，经解读放大转换之后形成原来的信号。这种信号可能是光信号，也可能是电信号，或者是其他形式的信号。这样就达到了光通信的目的。

由于光缆通信的容量（指能传递的信息量）比电缆通信容量大，能量损耗比电缆小，更具有同时传像的优点，保密性能也非常好，所以成为通信工程发展的方向。世界各国都在大力发展光缆通信，大有取代电缆通信的趋势。

电脑在商业中有什么应用

电脑进入银行，标志着金融领域正在迎接信息爆炸的挑战。随着经济的发展，货币交易额的日益增大，如果没有电脑，仅仅依靠纸、笔和算盘，是不可能完成任务的。

在储蓄业务中，使用电脑办理一笔业务，用不了半分钟，储户就不用再排队了；而在有些联网的储蓄所之间，还实现了通存通取，大大方便了储户。每天下班前，电脑只需一分钟就能结算出各项存款科目，当日业务收付活动的总户数、总金额，并打印出“业务汇总日报”。

在其他对公业务中，电脑的使用也大大提高了经济信息的全面性、及时性和准确性，既减少了工作人员的劳动强度，又便于及时向国家领导部门提供经济信息，作为经济决策的依据。

金融业的电脑化促进了商业电脑的应用。电脑不仅用来处理商品购销、价格测定、人员管理等日常事务性工作，更重要的是能大量收集、快速处理、分析商业情报，便于决策人对发生变化的商业形势立即做出反应。有时，在变化发生前就能预见并做出反应。在今天，任何商务人员，若不熟悉电脑技术，在竞争中就会处于劣势。

电脑在通信领域有何作用

现代社会，电脑在通信领域的作用是显而易见的，我们每时每刻都在体验电脑给通信带来的好处。手机、电话的中心都是由计算机进行服务的。

E-mail、QQ、MSN 等网络即时通信工具，以及网络电话，大大缩短了人们之间的距离。各种各样的网站上都有每天的重要信息，让人们获得信息不再那么困难。

人们可以利用网络与朋友家人随时保持联系，甚至可以在家里与住在远处的医生交谈，咨询病情及治疗方法，或在你方便的时间与函授中心联系，收看函授大学的网络课程。

由于电脑能储存大量信息，所以任何人只要利用电脑—电视—电话通信系统，就可以掌握整个世界的信息资源。人们可以通过遍布全球的网络，查阅世界级大图书馆的资料，了解最新科研成果。电脑就像人类智慧的蓄电池，它不仅储存这些知识，而且能随时提供这些知识资源给人类共享。电脑化的通信网络使人们方便地互通信息，真正感受到“天涯若比邻”。

为什么要在科学研究中使用电脑

电脑本身是科学研究与开发的产物，现在，它又反过来成为促进科学研究的一种不可缺少的科学工具。

过去，许多重大科研成果都来自于科学家大半生的艰辛计算，这耗费了他们大量的精力。对那些极有才华的科学家们来说，这显然是一种巨大的浪费。现在，由于计算速度快，电脑从根本上改变了科研的进程。大量的计算已不再是研究中的主要羁绊，因而科学家们才有更多的精力在更广泛的领域中进行科研实验。

基本小知识

宇宙飞船

宇宙飞船，是一种运送航天员、货物到达太空并安全返回的一次性使用的航天器。它能基本保证航天员在太空短期生活并进行一定的工作。它的运行时间一般是几天到半个月，一般可搭载 26 ~ 3 名航天员。

经常有许多科学实验需要在危险的条件下才能产生结果。例如，在发生某种事故时，原子反应堆会出现什么情况？这不可能实地进行实验，因为太危险了。但又必须预先得到结果，才能确保人们安全地利用原子能。为了达到这一目的，科学家们运用电脑，先做出事件的数学模型，再对模型进行处理。电脑经过模拟实际变化过程的一系列复杂运算，便可得出结论。因此，用电脑模拟现实条件下的全部可能情况，对事件的结果做出预测，没有危险，不需要付出昂贵代价，也不用兴师动众，这是电脑对科学研究的又一大贡献。

还有一些科学实验，人不能亲自去控制。像探测火星的研究，由于地球与火星的距离太远，通信需20分钟，因此人们不可能直接控制宇宙飞船，而要靠电脑去控制实验，收集数据，并把数据传递回地面。在这种科研中，电脑也成为科学家不可缺少的助手。

电脑怎样成为老师

如果你有一台电脑，又有一些教学软件，那就等于你请到了一位电脑老师。电脑成为老师可是一件非常好的事。

首先，好的教学软件一般是由计算机专家和有丰富教学经验的老师合作编写成的，或者是由既懂计算机知识，又有本学科教学经验的老师编写的。由于老师们对教材钻研得很透彻，而且又深知学习的难点所在，因此编写的软件能够利用电脑会作图的优点，通过图文并茂、动静结合的描绘，使学生易于理解。

其次，由于电脑只要有电，就能连续工作，不知疲倦，而且同样的章节可以在学生的操纵下反复重演，因此，它像个循循善诱的老师，在你不懂的地方反复讲解，直到你弄懂了为止。

还有很多老师熟悉不同学生学习的心理特点，根据他们的学习能力，编成不同进度的教学软件，再编入一定的判断程序，然后依据学生对问题的反应能力来安排下一步的教学进度，区别对待。这既能使学习能力强的同学不致因进度慢而厌烦，又可使学习能力稍差的同学不致因进度过快而失去信心。这比程度不同的同学在一个班里同时听一个老师讲课要好，真正做到了因材施教。

电脑在医疗诊断中有哪些作用

在医疗工作中，准确的诊断和有效的治疗主要依靠大量的数据和资料。这些资料是否准确、及时、全面，则直接关系到患者的生命。电脑在这方面以它的精确性、高速度和大存储量为救死扶伤做出了特殊的贡献。

例如，在典型的医务实验室中，全部的实验设备都与中央电脑相连接。

中央电脑按患者的姓名、发病日期、化验结果、主治医生等内容来分类，储存所有的结果，并为医生打印出必要的报告、化验记录和其他统计结果。在为病人检查、化验时，电脑能够发现那些变化极微的反常数据，及时向医务人员发出警报，使诊断结果更准确，错误更少。最重要的是电脑能缩短那些关系病人生命安危的检验时间。

知识小链接

癌　症

癌症，亦称恶性肿瘤，是控制细胞生长增殖机制失常而引起的疾病。癌细胞除了生长失控外，还会局部侵入周遭正常组织甚至经由体内循环系统或淋巴系统转移到身体其他部位。

还有一些电脑控制的先进医疗设备，可以协助医生完成以往无法做的检查。例如近年来大医院中开始使用的CT技术，就是计算机断层分析X射线照相术。它能协助医生诊断早期癌症。它通过一个围绕患者身体旋转的X光发射器和探测器，来获得患者身体全方位截面的准确图像，从而展现出特定的器官。射线经过人体，由检测器检测，产生与吸收速率相关的成千条数据。电脑根据这些资料，重新构成被测器官某一截面的精确的彩色图像，这样一层一层地显示下去，就好像把这个器官一层层切开检查一样，再小的肿瘤，也难逃过医生的眼睛。医生一旦确定了肿瘤的大小、部位，就能确定治疗方案。如果可以手术切除，则会给患者带来新的生命。

除此之外，电脑在医疗管理、疾病防治、体检保健、医学教育等方面都有巨大的作用。

为什么要在管理中使用电脑

电脑诞生至今四十多年来，它的应用从科学计算很快扩展到其他领域，尤其在处理数据、辅助管理方面，发展极为迅速。

各行各业的管理，都离不开数据。管理人员要从各种报表中得到数据，从中提取反映生产、经营、教学、医疗等状况的信息，加以分析、研究，然后形成决策，再下达给有关部门。各部门在执行中还要不断记录执行情况，填写各种报表，及时把第一线的动态反映给管理者，便于管理者针对问题调整计划，或做下一步的决策。各个管理部门，都流动着大量的数据。

在管理领域，电脑可辅助管理人员搞统计，进行人事管理、财务管理、生产管理、物资管理、购销管理、情报检索、市场预测等。在机关、学校、医院等单位，它还可以辅助其他行政管理。例如办公自动化、科研管理、学籍管理、课程管理、病案管理、药物管理等等。总之，一切管理工作，有了电脑的帮助，都能减轻管理人员的劳动强度，提高数据处理的正确率，增强信息的及时性和全面性，从而极大地提高管理水平。

为什么说电脑具有人工智能

现代科学技术的进步正在使机器完成那些过去只有人类才能做到的事情。人类有智力，会思考，机器能否思考，能否完成人类用智力去完成的任务？这就是人工智能所要研究的内容。

基本小知识

人工智能

人工智能，英文缩写为AI。它是研究、开发用于模拟、延伸和扩展人的智能的理论、方法、技术及应用系统的一门新的技术科学。人工智能是计算机科学的一个分支，它企图了解智能的实质，并生产出一种新的能以人类智能相似的方式做出反应的智能机器，该领域的研究包括机器人、语言识别、图像识别、自然语言处理和专家系统等。

电脑的诞生，才使机器模仿人脑的活动成为可能。正如我们已经知道的，电脑会做加、减、乘、除运算，会进行分类、比较、判断等。它是否还能模拟人类更多复杂的思维活动？例如推理、理解人的语言等。

世界上第一台计算机的研制者，美国数学家约翰·冯·诺依曼指出，人类神经系统与电脑的电子电路有许多相似之处。例如从眼睛到大脑，人类的神经系统通过刺激来传递信息，而电脑则用“0”和“1”两个二进制码来传递信息。数码“1”在电脑中表示“通”的状态，就好像给神经细胞以刺激；数码“0”则表示“断”的状态，就好像神经细胞没受到刺激。在我们的日常生活中，神经动脉把看到、听到的信息传给大脑的双态码与电脑中所用的二进制码十分相似。后来随着对神经系统了解的深入，人们认识到人类神经动脉虽然是二进制的（通—断），但是决定能否启动的条件并不是二进制状态，而是一种化学模拟状态。也许将来人们对此有更深入的了解之后，能够按照大脑的结构设计出更高级的电脑。

电脑能代替人脑吗

计算机又称“电脑”，它能代替人的大脑吗？答案是不能，至少目前不能。

现在的电脑，计算数字的功能比人脑强。但是，人脑的特点是复杂，虽然人脑只有一千多克，它包含上百亿个神经细胞和上千亿个小细胞。它们之间的网络联系，人类目前还不了解，但是人脑却还具备除计算以外的各种复杂功能，计算机尚差得远。在计算速度上，或者在简单的重复性动作上（如记忆某个电话号码等），计算机优于人类，使用计算机能节省大量人力、物力。

在设计性的、决策性的、艺术性的、感情性的能力上，电脑比不了人脑。小孩一眼就能从服装、表情、动作上，认出自己的母亲，而机器人要做到这一点就非常困难。从这个意义上说，最大的计算机，不如一个六岁的孩子。有人预言，能模仿人脑功能的计算机，需要一个省那么大。现阶段，日本的机器人技术比较先进，但是像连环画故事《铁臂阿童木》中的那些机器人，也只能是《幻想人物》，还没有真正问世。

总之，电子计算机（电脑）在某些方面优于人类，但代替不了人脑，至少目前是这样。这是因为《电脑》是按人设计的程序工作的。

青少年必知的科学知识

城市·建筑

QINGSHAONIAN
BIZHI DE KEXUE ZHISHI

很多人居住在城市里，可是你们了解自己居住的城市吗？到底什么是城市呢？城市，是以非农业产业和非农业人口集聚形成的较大居民点。一般而言，人口较稠密的地区称为城市，一般包括了住宅区、工业区和商业区并且具备行政管辖功能。

在城市里到处可见高耸林立的建筑，建筑是城市格局的主要因素，具有各种各样功能的建筑是城市发展的硬件。简言之，城市和建筑是密不可分的。

青少年应该了解一下自己的居住环境，增加一些关于城市和建筑方面的科学知识，才不会造成“不识庐山真面目，只缘身在此山中”的窘态。

什么是城市

我们中的很多人都住在城市，也知道它与乡村、原野有很大的不同，但你能真正认识城市并说说它到底是什么吗？

一座城市不是一开始就有的，它首先应该有人类聚集并进行生产和生活活动，当社会发展到一定的阶段，它就形成了。它既是物质文明建设的结晶，也是精神文明的积累。

城市是一个巨大的人造空间环境，是自然、道路、建筑、绿化等因素的综合体，它具有丰富的物质和精神内涵。城市的功能复杂，纵横交错的道路系统、高低错落的建筑群……主导所有这些的都是人，人的行为影响和主宰着城市环境的形成和改变。

在我国，随着人民生活水平的提高、物质生产的增长、对外开放政策的实行，以及城市之间、城乡之间交往的增加，人们对城市物质、精神功能的要求都提高了，城市也在不断扩展。社会和时代需要城市环境优美、舒适、方便和安全。

什么是田园城市

在许多现代大都市，高楼越来越多，人口越来越密集，交通越来越拥挤，由此带来了严重的能源和环保问题。其实，这种典型的“城市病”早在19世纪的英国伦敦就初见端倪了。当时，伦敦城终日大雾弥漫，泰晤士河黑臭无比，整个大都市就像是免疫系统出了大问题。一百多年前，一个名叫霍华德的英国人，认识到了大城市盲目膨胀的悲剧性后果，并提出了“田园城市”这一崭新的概念。

拓展阅读

城市病

城市病是指由于城市人口、工业、交通运输过度集中而造成的种种弊病。它给生活在城市的人们带来了烦恼和不便，也对城市的运行产生了一些影响，所以被人们形象地称之为“城市病”。

“田园城市”又称为“花园城”，由1个中心城和6个卫星城共同组成。中心城人口约5.8万，卫星城人口约3.2万。中心城有6条放射性干道向四周辐射，与卫星城相连。每座城市内部由一系列同心圆组成，中央是一个占地约20公顷的公园，外围分布着市政厅、音乐厅、剧场、图书馆、会场等公共建筑，再外围则为商业设施。从商业街朝外是一条宽128米的林荫道，其间有学校、教堂、花园住宅等。花园和绿地将城市按不同功能分开，使城市如同一个大花园，城市中心及周围都在绿色的环抱之中。

然而，一个世纪以来，霍华德的“田园城市”理想从来没有在任何一个城市的规划中实现过，因为它完美得有些脱离实际。不过，这一设想中的合理成分还是受到了人们的重视。

城市道路是怎样设计的

城市无论大小，都会有自己纵横交错的道路系统，有的专供机动车（汽车等）行驶，有的供非机动车（自行车等）行驶。根据道路的性质、等级的不同，它的型式也有所不同。

城市道路横断面基本分为三种型式，俗称为一块板、两块板和三块板。一块板是指所有车辆都在同一条车行道上双向行驶；两块板是由中间一条分隔带，将车行道分为单向行驶的两条车道，机动车与非机动车仍是混合行驶；三块板由两条分隔带把车行道分成三部分，中间为机动车道，两旁为非机动车道。

三块板适用于道路红线（路两侧建筑红线间距离）较宽、机动车辆多、行车速度快、非机动车也较多的主要干道。一块板适用于道路红线较狭、非机动车少的情况。两块板可以减少相对行驶车辆的干扰，适用于双向交通量比较均匀的情况。

你知道水城威尼斯吗

提到威尼斯，人们就不禁会想起那座犹如漂浮在水上的秀丽的水都。的确，它非常美丽，素有“亚得里亚海上的珍珠”之称。

威尼斯的旖旎风光、富有特色的建筑与广场、到处穿梭的小船和那些水上人家吸引着世界各地的游人们，它不愧为当代的国际旅游胜地。威尼斯位于意大利东北部的亚得里亚海岸，是一个交通枢纽和重要的海港。它的四周都被海湾所环绕，只有在西北角有一条长堤与大陆相通，火车可以直达。城内134条大大小小曲折迂回的河道形成四通八达的交通网，其中最主要的一条则是贯穿全城的大运河，并有395座形式各异的桥梁。这里的建筑很多都是哥特文艺复兴与巴洛克风格的优秀作品，反映了威尼斯匠师的智慧与技艺。

威尼斯也有许多小街小巷曲折狭窄，街道两旁的建筑也保持着古老的风貌，这里没有车马之喧华，只有街两旁布满的商店和终年不绝的游人，还有供居民交往和聚集的小广场，而最负胜名的当然是圣马可广场。

城市的别名是怎么来的

意大利的首都罗马是欧洲最古老的城市之一，城内至今保留着众多古罗马的宏伟建筑和文艺复兴时期的雕刻作品，整个城市像一个历史博物馆，故有“博物馆之城”的美称。埃及首都开罗是非洲第一大城市，名胜古迹众多，到处可见清真寺尖塔，被称为“千塔城”，伊斯兰史上第一个尖塔就建造在这里。奥地利首都维也纳则是举世闻名的“音乐城”，是音乐家的摇篮，每年的维也纳新年音乐会就在城内的金色大厅举行。瑞士首都伯尔尼有“钟都”之称，城内有数以千计的钟表厂和钟表店。

拓展阅读

城市产生的动力

农业经济时代，生产力水平低下，城市发展非常缓慢，重要的城市均为具有政治统治作用的都城、州府等。

18世纪后，工业化进程促进了生产力水平的提高——加快了城市的发展。

城市产生与发展的基本动力——社会生产力的发展。

还能举出很多这样的城市，如水城威尼斯、圣城耶路撒冷、壁画城墨西哥、国际城日内瓦、汽车城底特律、铜城卢萨卡、幽默城加布罗沃、茉莉花城雅典，等等。在我国也有很多，如山城重庆、羊城广州、瓷都景德镇、春城昆明、泉城济南、蓉城成都等。

由于世界上这些古老、美丽的城市以其特色展现在人们面前，于是就有了它们各自的别称。

城市步行街是怎样形成的

步行街，顾名思义是一种专供步行者使用，禁止或限制车辆通行的街道，它一般在市中心的商业区。步行商业街是在第二次世界大战以后开始发展起来的，它保持了传统商业街道的艺术魅力，又融合了购物中心所具有的安全、方便、舒适、多功能的特点。

在商业中心区内，顾客购物活动中的步行方式无疑是最富有生命力的。在发达国家，汽车交通是人们工作和生活中必不可少的手段，但在另一方面，它又成了破坏城市优美环境的元凶。在人车混杂的商业街上，人们无法安心地进行购物活动。来回穿越车流到两侧的商店之中购物，给顾客带来了很多的危险和不便。为顾客创造一种安全舒适的购物环境，提高商品销售额，首先要把商业活动区域从汽车交通的威胁下解放出来，步行街则满足了这种构想。

步行商业街为城市中心商业区带来了蓬勃的发展。因此不难理解它为什么几乎同时在各发达国家得到了迅速的发展。

商业建筑有哪些特征

商业建筑是用来进行商品交换和商品流通的一种公共建筑，它除了具有一般建筑的特征——反映一个国家、一个民族的文化、经济、社会形态、民俗等以外，更多地则反映了城市的特色和风貌，如果想了解一座城市的经济是发达还是落后，文明程度是高还是低，只要看一看它的商业区、商业建筑就可略知一二。

商业建筑是城市的橱窗，无论是它的外形设计（形体、色彩等），还是它的内部空间设计（柜台布置、灯光处理等），都要体现出自己的个性，要有地方特色和民族特色，要有情趣，要表现浓厚的商业气氛——热烈而富于变幻，以吸引顾客。因此，在进行商业建筑设计时，不仅要从建筑美学角度，还要从社会心理学、购物心理学等角度出发。商业心理的研究表明，好的具有艺术美的商业建筑设计，能使该店生意兴隆。

在社会心理和经济效益等因素的影响下，商业建筑已从单一功能的商店，发展成为多功能的商业综合体，如购物中心、商业区。

知识小链接

美　学

美学是从人对现实的审美关系出发，以艺术作为主要对象，研究美、丑、崇高等审美范畴和人的审美意识、美感经验，以及美的创造、发展及其规律的科学。美学是以对美的本质及其意义的研究为主题的学科。美学是哲学的一个分支。研究的主要对象是艺术，但不研究艺术中的具体表现问题，而是研究艺术中的哲学问题，因此被称为“美的艺术的哲学”。美学的基本问题包括美的本质、审美意识同审美对象的关系等。

高层建筑的类型有哪些

高层建筑发展到今天已超过一个世纪。为了使高层建筑有一个较为统一的概念，在1972年召开的国际高层建筑会议上，提出了划分高层建筑的标准，一共分为四类：

第一类高层建筑：9～16层（最高50米）

第二类高层建筑：17～25层（最高75米）

第三类高层建筑：26～40层（最高100米）

第四类超高层建筑：40层以上（100米以上）

这一标准除了确定层数外，还限定了楼层高度，因为建筑的层数和高度并不一致，每层的高度从2.5～5米，甚至更高都有可能。例如，马来西亚石油公司的双塔大厦高度是452米，超过过去世界最高建筑美国芝加哥的西尔斯大厦443米的高度，但前者是88层，后者却有110层，相差22层之多。

分类标准考虑到了高层建筑设计中的主要因素——抗风，建议采用不同而合理的结构形式，用以针对各地不同风力大小的特殊性。在一般情况下，第一类高层建筑用框架结构就可以了；第二类高层建筑就要考虑采用剪力墙结构来抗风；达到第三类高层建筑的高度时，就要采用框架与剪力墙相结合的结构；第四类超高层建筑应考虑用筒体结构，包括单筒、筒中筒（或称套筒）和成束筒结构。

摩天楼会带来什么危害

高耸入云的摩天楼不但有节约用地和丰富城市空间等突出优点，还是高科技发达的象征和骄傲。然而，自从它出现以来，便不断受到自然和人为的各种灾害的侵袭和威胁，它不断给人们带来烦恼和祸患。比如风力、地震、火灾等的危害。

另外，摩天楼对人自身的影响也不容忽视。高楼大厦凌架于城市上空，人们可从空中俯视全城壮丽景色，观赏朝阳落日和云飞电闪，似乎颇为惬意，但往往也会由此造成心理上的损害。不少人会产生对高空的恐惧，以及火灾难以逃生的联想，甚至产生严重的不安全感。老年人生活在里面常感到孤独，有如监禁，与世隔绝，以致对生活失去信心和引起疾病。儿童由于与外界很少接触和交往，心理智力发育不良。而且，建筑密度大的摩天楼还遮挡了附近建筑的阳光，使得有些建筑甚至终年不见阳光。

建筑也有根吗

大家都知道，参天大树必然要以庞大的根系为依托，同样，建筑也需要它的根——基础。

说起建筑的根，要比植物的根在力学功能上复杂得多，而且种类也更多。从力学原理上来说，可分为两大类：支撑型和锚拉型。作为建筑物底部与地基接触的部分，它的主要功能是合理地将建筑物的重量等传递给地基。对于支撑型基础来说，尽管它有独立型、条形、筏型、箱型和桩基等多种类型，但都是根据建筑物和地耐力的不同，合理地选用，以使建筑平稳，不产生不均匀沉降。对于锚拉型基础来说，它的主要功能恰恰相反，俗话说树大招风，建筑物高了也招风，所以一般超高层建筑物的基础不但要考虑建筑的重力，还要考虑建筑物所受的风力，要从下边拉住建筑，这就跟大树的根一样，不让它被风吹倒。

各种基础原理虽简单，但在工程中却是相当复杂的，平地而起的高楼大厦要能安全可靠，首先就必须有稳固的基础做保证。

建筑需要防寒服吗

建筑有如人的机体，结构是它的骨架，设备系统是它的循环系统，电器系统则是它的神经，而外墙当然就是它的表皮了。

作为供人们遮风蔽雨的建筑，这层外皮可以说是很重要的。人们常说："外墙厚，冬暖夏凉。"这是因为厚的外墙能够减少室内的热量外流，形成冬暖，而又能阻挡住外界的热浪和辐射热，便形成了夏凉。

基本小知识

空心砖

空心砖是以黏土、页岩等为主要原料，经过原料处理、成型、烧结制成。空心砖优点是质轻、强度高、保温、隔音降噪性能好。它们致命缺点就是抗震性能差。在2011年3月云南盈江发生的5.8级地震中，使用空心砖的房屋倒塌导致多人死亡，由于安全隐患，云南拟禁用空心砖，山东青岛的在建楼盘也已叫停使用空心砖。

传统的建筑外墙都是砖石结构，为了保温，往往做得很厚。随着建筑技术的发展，多层和高层建筑的出现，厚厚的外墙已经成为结构的负担；另一方面，重量轻、保温效果好的新型建筑材料，如加气块、空心砖等的出现，使得外墙保温技术不断发展，材料不断更新。

新型的外墙种类很多，但基本上都是在减薄了的传统外墙内侧或外侧贴上要求厚度的保温材料，这就犹如给建筑穿上了防寒服，当然，这件防寒服不仅要抵御寒冷，还得要有隔热的功能。

迪斯尼乐园是如何兴起的

当人们提到“迪斯尼乐园”时，就不由得想到乐园的创始人华尔特·迪斯尼，他创造了一系列像米老鼠、唐老鸭、白雪公主那样深受人们喜爱的卡通人物。

1945 年，迪斯尼在洛杉矶市中心东南开始兴建世界上第一个主题游乐园。迪斯尼乐园的建成，使迪斯尼近二十年的梦想变成了现实。他希望不论是成人还是孩子都能在乐园中体验到生活的惊奇与冒险，并因此而感到愉快。迪斯尼成功了，他的乐园被誉为“世界上最愉快的地方”。

在迪斯尼乐园这个多学科互相渗透、融合的综合体中，建筑学发挥着重要作用。在乐园中，不仅要有整个乐园的重点象征建筑，就是每个主题区都要有自己代表性的标志，如洛杉矶迪斯尼乐园中面对中央广场、高 23 米的法国式和巴伐利亚式的灰姑娘城堡，它丰富的阴影和轮廓线、高耸的尖塔，使它成为代表迪斯尼乐园的典型形象。乐园中环境和色彩布置，也必须紧紧围绕主题，起到烘托和陪衬作用。在迪斯尼乐园中，应用的色彩一般都比较鲜艳、明亮，与主题和建筑的内容相一致。

什么是别墅

别墅是在家宅以外另建的一种供假日居住或休息用的独户住宅，大多建在城市的郊区或风景区。我国古代的别墅又称别业、别馆，而且大多都是宅园，如明代苏州的拙政园。

近代和现代建造的别墅，设备日渐完善，它的种类也很多，如独立式小住宅、周末别墅和各种用途的休假别墅。在建筑处理上也千姿百态，各具特色。许多著名建筑大师都有自己的杰作，如赖特的流水别墅、柯布西耶的萨伏伊别墅、密斯的玻璃别墅等。

别墅设计要求因地制宜，巧妙地利用地形组织室内外空间，构图灵活多样。建筑要与周围环境密切结合，它既是欣赏大自然的休假基地，同时又成为自然风景的点缀。别墅的平面空间布局丰富多彩，各个房间既可灵活分隔，又可相互流通；既有明确的功能分区，又不受封闭空间的限制。室内外空间结合，互相延伸，互相渗透，手法多变，形成变幻丰富而富有性格的奇妙的建筑环境。

真有空中花园吗

“空中花园”，多么神奇的名字。它并非悬在半空，而是根植于古代巴比伦城这块古老的土地上。

“巴比伦”按照阿卡德语的意思是“神之门”。公元前6世纪，新巴比伦国王尼布甲尼撒二世为他的妃子建造了这个被誉为世界七大奇观之一的空中花园。花园建有不同高度的越往上越小的台层，组合成剧场般的建筑物，高约23米。每个台层以石拱廊支撑，拱廊架在石墙上，拱下布置成精致的房间，台层上面覆盖着土层，种植着各种树木花草。顶部设有提水装置，用来浇灌植物。

传说中的空中花园

知识小链接

古巴比伦文明

古巴比伦文明位于今天的伊拉克一带。古巴比伦与中国、古埃及、古印度一并称为“四大文明古国”。古巴比伦狭义上指古巴比伦王国，广义上指古巴比伦文明。古巴比伦文明是两河流域文明的重要组成部分，历史上分古巴比伦王国和新巴比伦王国。

这种逐渐退层的台层上布满植物，如同覆盖着森林的人造山，远看宛如悬挂在空中，所以称它为“空中花园”并不夸张。这座花园可以算作是世界上最古老的屋顶花园了。只可惜今天我们再也见不到它了，但它的名字却永远载入了人类文明的史册。

西藏的城市象征是什么

说到西藏，人们很容易就会联想到那屹立于“世界屋脊”上的布达拉宫。梵语“布达拉”的意思是“佛教圣地”。布达拉宫最初建于公元8世纪松赞干布王时期，后来毁于兵火，1645年由五世达赖喇嘛重建，主要工程大约经历了50年，以后又历经300多年的修建和扩建，才成为今天这样大的规模。

布达拉宫包括山上的宫堡群、山前的方城和山后的龙王潭花园三部分，共占地40余公顷。宫堡群在山的南坡，用块石依山建造，为不规则布局。主体建筑外墙涂红色，故称红宫，是喇嘛进行宗教活动的场所。红宫东侧为白宫，外墙涂白色，是喇嘛理政和居住的宫殿。

布达拉宫的建造，集中了藏族匠师的智慧和才华，反映了藏族建筑的特点和成就。由于它建于山腰，下部几十米实墙犹如扎根于山岩之中，与山丘浑然一体，气势十分雄伟。宫殿中还有很多雕刻和彩画，是了解西藏文化、艺术、历史、民俗的宝贵资料。

北京四合院是如何布局的

四合院是我国传统民居中的一个重要组成部分，它的布局形式早在公元前11世纪时就已形成。而且以北京的四合院最具代表性。

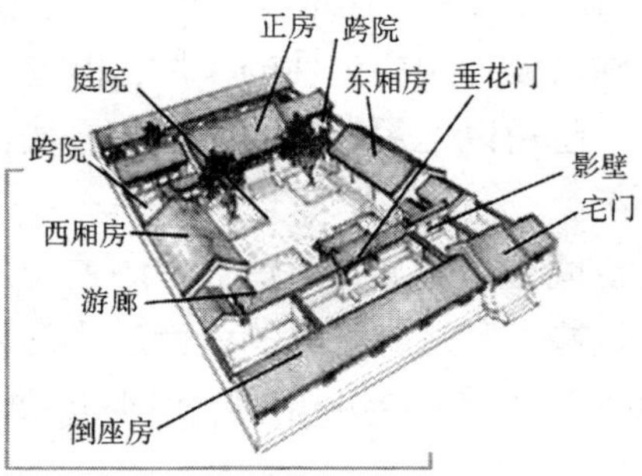

北京四合院布局

北京四合院按南北纵轴对称布置院落，以木构架房屋为单体，路北住宅的大门开在东南角，而路南的开在西北角，大门内外设影壁。以三进院为例，进门左转进入前院，坐南朝北的房称南房，做客厅和杂用。经中轴线上的垂花门，进入中心庭院，坐北朝南的北房为正房，是全宅最高大、质量最好的，供家长起居、会客等用。正房一般为三开间，两侧各有一或二间较为低小的耳房，做卧室。东西厢房供晚辈居住或做饭厅、书房用。从垂花门到各房都有廊相通。后院的房子称后罩房，供老年妇女居住和存放东西用。

拓展阅读

四合院的建筑布局

四合院建筑的布局，是以南北纵轴对称布置和封闭独立的院落为基本特征的。按其规模的大小，有最简单的一进院、二进院或沿着纵轴加多三进院、四进院或五进院。

北京四合院的院子比例大小适中，冬天日照比较充足，庭院给人提供了一个户外活动的场地。可惜在北京，这种纯粹的四合院已不多了。

什么是室内设计

人们的生活离不开与室内环境的接触，室内环境对人的影响是很大的。室内设计就是要创造合理、完美的室内环境，满足人们的需要。

室内设计从属于建筑设计，它在建筑设计所提供的空间里进行更为具体、细致的环境设计。虽然建筑设计起决定性的作用，但室内设计又是环境的再创造，它可以锦上添花，也可以运用特有的手段和方法，创造出与原有建筑空间迥然不同的环境气氛。

室内设计首先要对空间进行划分，然后对室内的光影、色彩、材质、构件、陈设等进行设计，这些尤其以对家具的设计最为常见。设计师们按功能要求、空间造型来选用、配备各种室内用具，有时还要亲自动手设计采光、遮阳等设备。

在设计中，采用不同的处理方法，可以产生截然不同的效果。一个房间，既可以亲切淡雅，也可以富丽堂皇。而在同样的气氛下，也可以有不同的风格和艺术感染力。

为什么说故宫象征皇权

我国的古代建筑，特别是宫殿建筑，无论在形体上，还是所用材料的颜色上，都具有严格的等级规定。如我们所讲的故宫，它的布局中轴线与北京城的中轴线相重合，就突出地体现了帝王宫殿的至尊地位。

建筑形体上，主要通过开间数多少和屋顶形式来区分。间数以十一间为最高（如故宫中的太和殿），以下依次为九、七、五、三间各级。屋顶等级依次为庑殿、歇山、悬山、硬山；最重要者加重檐。故宫则通过这些手法，把故宫中大量的院落组成一个轴线突出、主次分明、统一和谐的整体，把君臣、父子等封建等级关系，通过建筑空间形象地体现出来。

封建社会里，色彩、彩画有严格等级规定，色彩以黄为最尊，其下依次为赤、绿、青、蓝、黑、灰。宫殿用金、黄、赤色调，百姓的房子只能用黑、灰、白为墙面及屋顶颜色。彩画题材以龙凤最为高贵，其次是锦缎几何纹样，花卉、风景只可用在次要的庭园建筑中。

中西方建筑为什么不同

建筑作为一项涉及地理、文化、资源、历史等多方面学科的人类活动，不可避免地带有地方性和民族性。故中西方建筑就存在明显的差异。

中西方建筑不同的原因主要有两个。

第一是建筑材料的不同。纵观我国建筑史，无论是何朝代何种建筑，都是以砖木结构为主，这无疑是与中华大地林木资源丰富、气候适于木构物保存有关。而在古埃及、古希腊、古罗马为代

祈年殿

表的西方古典建筑中，石材一直是建筑材料的主宰，建筑便是石头的史书。

第二，文化的不同也给中西方建筑带来了很大的差异。西方强调个人，个性的文明导致了建筑中对个体建筑艺术的强调，而我国的群体主宰的文化则形成了以群体谐调为美的传统建筑的审美观，无论是宫廷建筑还是园林建筑，都体现了这一点。

此外，还有许多导致中西方建筑不同的因素，如政治体制、风俗习惯、宗教、气候以及经济实力等等，随着社会的发展，中西方建筑也在不断地变化求新。

知识小链接

中国重视风俗的传统

中国自古就有重视风俗的传统，“为政必先究风俗”、“观风俗，知得失”是历代君主恪守的祖训。最高统治者不仅要亲自过问风俗民情，还要委派官吏考察民风民俗，在制定国策时以它作为重要参照，并由史官载入史册，为后世的治国理政留下治理风俗的经验。

什么是“坛”

坛是我国古代主要用于祭祀天、地、社稷、祖先等活动的台型建筑。最初的祭祀活动是在林中空地的土丘上进行的，后逐渐发展为用土筑的坛，再后来演变为用砖石包砌的台子。

我国历代各种坛的建筑制度有所不同，如天和地、社和稷，有时分祀，有时合祭。坛既是祭祀建筑的主体，也是整组建筑群的总称。坛的形式多以阴阳五行等学说为依据。例如天坛、地坛的主体建筑分别采用圆形和方形，就是来源于“天圆地方”的说法。现存的天坛所用石料的件数和尺寸都采用奇数，是根据古人以天为阳性并以奇数代表阳性的说法。

根据我国古代的传统观念，历代的都城建设，各种祭坛总是必不可少的，而且有一定方位要求。

牌坊有几种

牌坊是我国古代具有表彰、纪念、导向的标志纪念物，又称牌楼，是一种只有单排立柱、起划分或控制空间作用的建筑。

牌坊就其建造意图来说，可分为四类：一是功德牌坊，为某人记功记德。如山东省桓台县新城镇“四世宫保”牌坊，是明朝万历皇帝为当时新城人兵部尚书王象乾所建。王象乾文韬武略，威震九边，加功晋爵太子太保，追赠曾祖、祖父、父亲太子太保、兵部尚书之衔，故额题“四世宫保”。二是贞节道德牌坊，多表彰节妇烈女，在安徽歙县有许多这类牌坊。云南楚雄黑井镇有一座节孝总坊，是清朝末年由慈禧太后下令建造的，表彰本地的节烈妇女。三类是标志科举成就的，多为家族牌坊，为光宗耀祖之用。四类为标志坊，多立于村镇入口与街上，作为空间段落的分隔之用。

南岳衡山牌坊

牌坊从形式上分，只有两类：一类叫“冲天式”，也叫“柱出头”式。顾名思义，这类牌坊的间柱是高出明楼楼顶的；另一类是“不出头”式。这类牌坊的最高峰是明楼的正脊。如果分得再详细些，可以每座牌坊的间楼和楼数多少为依据。无论柱出头或不出头，均有“一间二柱”、“三间四柱”、“五间六柱”等形式。顶上的楼数，则有一楼、三楼、五楼、七楼、九楼等形式。

什么是影壁

影壁是我国古代院落大门内（或大门前）的一种屏障，也称照壁。其建筑材料包括砖、木、石和琉璃等。

影壁在古时候称门屏。在先秦时，天子的门屏建在门外，诸侯的建在门内。现存的大量影壁实物都是明、清两代的。如著名的山西大同九龙壁，就是明太祖朱元璋之子朱桂的代王府前的琉璃影壁。北京紫禁城和北海中的九龙壁也很有名。

民居中的影壁一般建在院落的大门内或大门外，与大门相对做屏障用，又称照壁、照墙。它能在大门内或外形成一个与街巷既连通又有相隔的过渡空间。影壁上装饰着朴素的砖刻、浮雕花饰，正中常书写吉庆的文字如“鸿禧”等。布置在室内的影壁，前面还摆盆景花卉。影壁可以挡住街上视线对室内的干扰，树影落在影壁墙上，光影的变幻丰富了墙上朴素的浮雕装饰。

趣味点击

影壁的传说故事

传说努尔哈赤有一次战败只身逃回，有个种地老头让他趴在垄沟里，再用犁杖遮盖起来，又飞来一群乌鸦落在上面，让老罕王躲过了追兵。老罕王最终在盛京做了帝王后，把已经去世的种地老头封为天，命令所有满族人家的院子里都要立一根索伦柱杆子，上面安个圆斗，放有祭祀天和乌鸦的肉。同时每家门前都要砌一个影壁，给天作为神位，每逢年节和死后祭奠。

北海九龙壁

古典柱式有什么特点

趣味点击

贵　族

贵族，最初指的是奴隶制社会和封建社会中，因权力、财产高于其他阶级而形成的上层阶级，包括军事贵族、世俗贵族、宗教贵族。经过演变，贵族制度在一些国家延续下来，形成了稳定的贵族阶级。

柱式形成于古希腊时期，并在古罗马时期得到极大的发展。柱式就是指建筑中所用柱子的形式，主要有爱奥尼、多利克及科林斯、塔什干等形式。每种柱式都有自己鲜明的特点，决定着建筑物的风格。

各种柱式的性格特点主要是通过不同的造型比例和雕刻线脚的变化体现出来的。如多利克柱式沉重、粗笨，受古埃及建筑的影响，反映着贵族的艺术趣味，爱奥尼柱式则比较秀美华丽，比例轻快，开间宽阔，反映着从事手工业和商业的平民们的艺术趣味。爱奥尼柱式主要特征是柱头的正面和背面各有一对涡券，有柱础。多利克柱式的柱头是个倒圆锥台，希腊的多利克柱式没有柱础。

爱奥尼式如女性的柔美，而多利克式则表现了没有装饰的男性的刚健。它们体现着一丝不苟的理性精神，追求一般的、理想的美，又体现着对健康人体的敏锐的审美感受。它们有活力，有性格，仿佛是充溢着生命的肌体。

门前的石狮子象征着什么

在古代宫殿和府第、衙门等大门旁，几乎都有一对石狮（或铜狮），这些狮子不仅显示宫庭的豪华，还用来显示封建君主的“尊贵”和“威严”。

这些狮子乍看似乎没有什么不同，其实是有区别的。狮子都是成双成对的，左边是雄狮，右边是雌狮，雄狮的左蹄下踏着一个球，俗称“狮子滚绣球”，这不仅象征着权力，还象征着统一寰宇；雌狮右蹄下踏着一只小狮子，俗称“太师少师”，象征着子嗣昌盛。还有人认为，双狮的口作45°角的对视状，象征着和平和快乐。石狮子陈列在大门两旁，因为它是兽中之王，具有威镇八方、鼠蛇畏惧之意。狮子头上还雕刻着许多疙瘩，也有讲究，凡是一品官员府第门前的狮子头上有13个疙瘩，俗称为“十三太保”。一品以下官员，低一级少一个疙瘩，七品以下官员则不准陈设狮子。

而起同样作用的石狮，在我国南北方，姿势神态却不同，北方的大都正襟危坐，有种威武森严的气势，南方的则要温雅秀气得多。

沈阳北陵

窑洞从何而来

窑洞对我们来说并不陌生，我们的许多革命老前辈在陕北闹革命时住的就是它。可别小看它，它可是一种很古老的建筑形式，而且一直沿用到今天。

窑洞是生土建筑这个大家族中的一员。所谓生土建筑，就是主要用没有经过焙烧、只作简单加工的原状土（土坯、草泥垛、土墙）为材料建造的房屋。它最早始于人工开凿的洞穴，具有悠久的历史，从古代留存的烽火台、墓葬和故城遗址中都能见到。不仅如此，它还分布广泛，几乎遍及全球。现在世界上约有1/3的人口居住在生土建筑中，其中包括我国黄土高原地区的很大一部分居民。

生土建筑中还包括土坯建筑、夯土墙或草泥垛建筑等。这种建筑类型有很多优点，可以就地取材，易于施工，造价低廉，冬暖夏凉，节约能源；它又融于自然，有利于环境保护和生态平衡。因此它至今仍然具有生命力。但它也有开间不大，布局受限制，日照不足，通风不畅和潮湿不防水等缺点，需要改进。

基本小知识

黄土高原

黄土高原，是世界最大的黄土沉积区。位于中国中部偏北。北纬 34°～40°，东经 103°～114°。东西千余千米，南北 700 千米。包括太行山以西、青海省日月山以东，秦岭以北、长城以南广大地区。跨山西省、陕西省、甘肃省、青海省、宁夏回族自治区及河南省等省区，面积约 40 万平方千米，海拔 1500 到 2000。除少数石质山地外，高原上覆盖深厚的黄土层，黄土厚度在 50～80 公尺之间，最厚达 150～180 公尺。

巴黎圣母院是一座怎样的教堂

看过《巴黎圣母院》这部电影的观众，都会记得那座古老而美丽的教堂。原著的作者曾在小说中作了这样的描绘："这个可敬的建筑物的每一个面、每一块石头都不仅是我们国家历史的一页，并且也是科学史和艺术史的一页。""它可以说是一部巨大的、由石头组成的交响乐。"

巴黎圣母院坐落在巴黎塞纳河的一个小岛上，建于 1163—1250 年，它虽不是法国第一座哥特式教堂，却是世上公认的第一个具有深远影响的哥特建筑佳作。教堂的正面构图完整，既有鲜明的垂直划分以强调向上的动势，又有显著的水平联系。中央是个象征着天堂、雕刻得玲珑剔透的玫瑰形大圆窗，直径 13 米。这个立面奠定了法国哥特式教堂正立面的基本形式。

巴黎圣母院

教堂的内部空间给人一种峻峭清冷、腾空而起的向上感觉，从而渲染了教会那种"追求天国"的精神说教。外部处理也都是垂直向上的，所有建筑局部和细节的上端也都是尖的，整个教堂从整体到细部都十分统一。

为什么说泰姬陵是最美丽的陵墓

泰姬陵，是印度莫卧儿王朝皇帝沙杰汗为爱妃蒙泰姬·玛哈尔建造的陵墓。它坐落在一个宽 293 米、长 576 米的长方形花园中，外有围墙。陵墓位于白色大理石台基上，四角各有一座光塔，白色大理石的陵墓和两旁赭红色砂石建筑物之间各有一长方形水池相隔。陵墓背后有杰母尼河衬托，呈现出肃穆而明快的气氛。

泰姬陵的造型稳重而舒展，比例和谐，主次分明。正方形的台基、圆形穹窿、三角形的门洞、笔直的圆柱、挺拔的呼拜塔等各种几何体被巧妙地糅合在一起。层次进退、光影变化、虚实对照、活泼的天际轮廓，穹顶和发券的柔和曲线，使肃穆的陵墓又具有开朗亲切的特点。

泰姬陵全部用白色大理石建造，比例匀称，造型优美，宛若披纱的美女亭亭玉立，洁白晶莹，超凡脱俗。它是印度建筑艺术中的瑰宝，也是全世界伊斯兰建筑中的一颗明珠。

为什么“墙倒屋不塌”

我国古代建筑在结构方面充分利用木材的特点，创造出独特的木结构形式，使之既达到实际功能要求，又创造出优美的建筑形体，形成相应的各种建筑风格。在结构上，建筑物上部的重量都经过梁架、主柱传递至基础，墙壁只起围护、分隔的作用，不承受重量。门窗等的布置不受墙壁承重能力的限制，非常灵活，“墙倒屋不塌”便是很好的写照。

我国古代木构架建筑变化很多，单体建筑有殿、堂、厅、轩、馆、楼、榭、阁、塔、亭等，平面也有方、圆、多角形等很多种。由这些单体又组成住宅、庙宇、宫殿等，它们的比例尺度、材料颜色的不同又产生了许多变化。这些在很大程度上要归功于我国木构架建筑的独特的结构特点，它们也为我们的现代建筑追求灵活多变的形式奠定了基础。

知识小链接

庙　宇

庙宇通常是指供神佛或历史上名人的处所。庙宇结构有三个主要部分：即台基、主体与屋顶。中国庙堂木料结构之因素：木柱、楣梁、正梁、横梁和支柱均披露可见。一排排的柱子与正梁及楣梁联结起来，支撑着遮蔽的屋顶，木架之上排铺瓦片，而后砌砖隔墙填在柱间，构建中国建筑的理念。

门钉有什么作用

门钉是我国古代建筑的大门上的一种特有的装饰。雄厚的朱漆木门安上一排排硕大的金色门钉，使森严的大门不仅显得更加威武坚固，而且呈现出一种庄重的气氛，给人以美的享受。

追溯门钉的起源，早在春秋战国时期，当时《墨子》一书中已有记载，不过那时不叫门钉，而称为“涿弋”，是一种不大的棒状物。它是古代城门防御火攻的一种措施。战时，在城门上涂满泥巴，防止木门被火烧。平时这种行距整齐的涿弋，自然也就成了门上的一种装饰品。

历代封建统治者都颇为重视门钉的价值，但它到了明代还没有像斗棋那样成为封建等级的一种标志。直到清代乾隆年间的《大清会典》一书中，才对门钉作了详细规定，这小小的门钉也就被封建统治者垄断，门上门钉的行数和枚数也成了他们政治地位和权力的标志。最高一等是朱漆门上有金钉纵横各 9，共 81 个门钉；其次亲王府正门门钉纵 9 横 7；世子府的门钉减到纵 9 横 5，再往下纵横都是 7 个，依次递减至纵横为 5 个，而且只是铁制的。

故宫太和殿大门的门钉

为什么玻璃钢瓦是波浪形

玻璃钢瓦是用玻璃纤维布为基层，然后涂上塑胶粘合剂，再热轧成型的轻质半透明建筑材料，它常常被用作简易性临时建筑物的屋顶防雨层，有时也用它们来做墙面。大多数屋面用的玻璃钢瓦类都较薄，瓦楞白铁皮瓦厚度只有 1 毫米左右，稍厚的玻璃钢瓦在 0.8 ~ 1.5 毫米之间，更厚些的石棉瓦也只有 6 ~ 8 毫米。

拓展阅读

瓦的主要用途

1. 防止雨水渗漏至屋内。

2. 隔热，防止白天的太阳辐射热直接传至屋内。当瓦片交叠铺设于尖斜式屋顶时，可产生一个用于隔热的空气间距。

3. 隔音、保温、隔热、防紫外线、低碳环保、减少农村秸秆焚烧，保护环境。

厚度为 0.8 ~ 1.5 毫米的玻璃钢瓦看起来确实很薄，但是由于它是波浪形，能承受较大的重量，别说是冬季积雪的重量，就是人站在上面也不会断裂。这是为什么呢？

一张普通的白纸，两端架空平放时，中间总是会下垂。但是如果把这张纸折成弯曲连续的“W”形，它就能挺直而不下垂，哪怕放上铅笔、橡皮之类的东西它也能经受得住。这是因为一张薄纸的刚度很小，而折几次后，它的刚度就随形状的改变而大大增加。波浪形的玻璃钢瓦耐压的道理也是如此。

我们可以把波纹瓦切下一个“波”，即两个相连的半圆形。如果两个半圆形对接，就成了一根圆管子，使薄薄的玻璃钢瓦“厚度”大大增加，成了一根变形的梁。难怪波浪形的玻璃钢瓦能承受相当的重量，而且，波纹幅度越高，能承受的外来压力也越大。

什么是钢筋混凝土

由于混凝土承受拉力的能力很差，一般只有承受压力强度的1/10，为了使混凝土梁承受拉力的能力增强，进而发挥其耐压的优越性，可以在混凝土梁中加入钢筋。钢筋是一种受拉能力极强的建筑材料，每平方厘米可承受约24 000～60 000牛的拉力，高强度钢材的抗拉能力还要强，因而可以用它来代替混凝土承受拉力。这种复合材料就是钢筋混凝土。

混凝土和钢筋之所以能够结合在一起，发挥耐压抗拉的作用，主要是它们的温度膨胀系数十分接近。任何建筑物都要经得住夏季的酷热、冬季的严寒，建筑材料也要经受高温和低温的考验。各种材料都有热胀冷缩的特性，而每种材料受热以后伸展的程度不一样，伸长的长度和原长度的比值称为“膨胀系数”。钢筋的膨胀系数是0.000 012，混凝土为0.000 010～0.000 014，这使它们在温度变化时能紧密地结合在一起。

由于钢筋混凝土梁受外部重压时，截面中产生的拉力是在梁的下部，所以钢筋要放在梁的下面靠边上，这样的钢筋混凝土梁才能承受重压。有时，梁的上面也有钢筋，但那只是用来使梁内部的钢筋保持整体性而已，其本身并不受多大拉力。

为什么要使用玻璃幕墙

现代建筑，特别是高层建筑或大型公共建筑，其外墙大多不承重，因为砖块的强度根本不足以承受几十层楼的重量。所以，只起围护和隔离作用的外墙，常选用轻质材料，这种外墙就像舞台上的幕一样既薄又轻，称为“幕墙”，如果幕墙材料是玻璃，那就是“玻璃幕墙”。

制作幕墙的镜面玻璃是一种与众不同的玻璃，它采用加热、喷涂、离子交换、真空蒸发和化学镀膜等制造工艺，把铜、铬、镍、铁、金等金属镀到玻璃的一面，形成反射光线的有色薄膜，有金、银、古铜、蓝等多种颜色，而且能像镜子一样反射光线和辐射热，具有良好的隔热作用。不同颜色、厚度和层数的镜面玻璃，透过阳光的程度不一样。例如6毫米厚的普通玻璃可使78%的阳光透过，而相同厚度的镜面玻璃仅为26%左右。双层镜面玻璃则仅透过9%～20%的热量，这在夏季可反射室外的大部分热量，冬季可辐射室内的热量以保持室内温度。所以，玻璃幕墙的厚度虽然只有砖墙厚度的几十分之一，但保温隔热的性能却优于砖墙。随着硅酮密封胶的质量获得突破性提高，隐框玻璃幕墙越来越受到建筑师和用户的青睐。

你知道吗

玻璃的处理

由于玻璃的成分主要是二氧化硅，而二氧化硅是很难自然分解的，在自然环境下，需要100万年的时间才能分解，所以为了保护环境，我们要注意使用玻璃制品，要有回收利用的意识，每回收一个玻璃瓶所节省的能量足可以让100瓦的灯泡亮4小时。

水泥的标号是什么意思

水泥是最重要的建筑材料之一。建筑用的水泥都带着不同的标号，有的标300号，有的标500号。它们表示什么意思呢？

其实，水泥的标号是用来反映水泥强度等级的。水泥在生产过程中，由于原料和工艺的差异，其质量也会有所不同。尽管粉状的水泥与沙子、水等拌和后都会逐渐变硬，但硬化后得到的混凝土的强度却是不同的。有的非常坚硬，耐冲击、耐重压、耐振动；而有的则较为疏松。对此，我国有关部门根据制成的混凝土的强度差异，把水泥分为六个等级，分别用六种标号即200、250、300、400、500和600号来表示。标号越大，说明其强度越大，水泥的等级也越高。

垃圾可以造房子吗

当今世界，人口越来越多，自然资源日渐枯竭，而由工业和生活过程产生的垃圾却与日俱增。能不能“化腐朽为神奇”，将垃圾变成为一种资源呢？

从20世纪90年代开始，废物的回收利用陆续出现了一些新的举措。例如，以工业废物和汽车废零件为主制作高尔夫球，用回收的空罐头盒来生产制动器部件和离合器杆等。如今，又出现了解决未来住宅问题的新创举：用回收的垃圾建造房屋，这就是所谓的“垃圾建筑”。

美国爱达荷州有一家小型的建筑和房地产开发公司，它用回收的废物建造了一套能够利用太阳能的房屋：墙壁是用回收的轮胎和铝质罐头建造的；屋架所用的大部分钢料是从破旧的汽车和桥梁上回收来的，这样不但减少了木料的使用，而且更加坚固安全，并可避免招引白蚁；铺面用的不是胶合板，而是锯末和碎木加上20%的聚乙烯制成的；有意思的是，旧报纸成了组成屋顶的主要原料，且作为墙面的绝缘体，使房屋能更有效地利用能源。此外，屋外的草坪下还埋了一些废弃的铜片，用以吸收地热，有利于在冬天保持建筑周围的温度。建筑师在330平方米的地面上建造起了这套“垃圾建筑”，它包括四间住房、两间浴室以及宽大的停车房，室内的设施非常齐全。

这种新式房屋引起了人们的广泛兴趣，并荣获了美国住宅营建商协会颁发的“住宅风格奖”，而且被正式命名为“资源保护屋”。用回收的垃圾来建造住宅，不但积极地利用了废弃的金属、纸板和木料等，而且较好地解决了住房紧缺和环境保护等问题，这对不发达的国家和地区来说，意义尤为重大。

什么是无障碍设计

老年人和伤残人的居住和生活问题，是当今世界普遍关注的社会问题。

老年人和残疾人生理上都有体力弱、感觉器官衰退、反应迟钝等现象。这决定了他们对居住环境和社会环境有着与健全人不同的要求，主要表现在通行及使用设施的系列环节上。在建筑及室内设计时，应尽可能为他们创造安全、方便、舒适的生活环境，创造完整的无障碍室内环境。

在许多百货商店、旅馆等公共建筑门口都有一个轮椅符号（肢残者的国际统一标志），并设有与普通人用的台级并列的坡道——它是专为残疾人设置的。还有房间布局安排、厕所蹲位、扶手的设计，都应考虑老年人和残疾人的方便。这些都属于无障碍设计的范围。

金字塔式建筑有什么特点

金字塔是古代世界七大建筑奇迹中，唯一遗留至今的杰作。金字塔是古埃及统治者法老的陵墓，古埃及人崇拜自然的力量，金字塔的造型来自高山的形状，象征着坚实和永恒。除了古埃及人，古玛雅人和阿兹特克人也在中美洲建造过许多金字塔式建筑物，法国和意大利也有，而现代建筑中有时也出现金字塔式建筑。

这是因为金字塔的形式对高层建筑抵抗风力极为有利，甚至比圆柱形建筑还要优越。美国旧金山市的泛美大厦，采用像竹笋一样瘦长的金字塔形；芝加哥的汉考克大厦则是没有尖顶的金字塔式建筑，它由于重心低，稳定性好，对抗震也有利。但是，金字塔式建筑的外墙倾斜，施工较困难，一种变化的形式就是用方柱体进行组合，由下到上逐渐减少方柱体的数量，著名的芝加哥西尔斯大厦有 110 层之高，就是采用方柱体形式的范例。

现代的台阶式建筑其实也属于金字塔式建筑，它的外形特点是向上一层比一层缩小，就像台阶一样，类似早期金字塔的形式。它的优点除了建筑十分稳固外，每一层都有十分宽敞的阳台，可以获得充足的阳光和较大的室外环境。所以，台阶式建筑作为住宅，特别受人们的喜爱。

基本小知识

金字塔

在建筑学上，金字塔指角锥体建筑物。著名的有埃及金字塔，还有玛雅金字塔、阿兹特克金字塔等。相关古文明的先民们把金字塔视为重要的纪念性建筑，如陵墓、祭祀地，甚至是寺庙。20 世纪 70 年代开始，由于建筑技术的演进，达到轻质化、可塑化、良好的空调与采光，有些建筑师会从几何学选取元素，现代金字塔式建筑在世界各地被建造出来。

倒金字塔式建筑有什么特点

金字塔式建筑古已有之，倒金字塔式建筑则是现代建筑的一种形式，它指的是建筑物下部的面积较小，向上逐层扩大的造型方式，相当于把台阶式金字塔上下倒置。

建造倒金字塔式建筑的主要原因是，建筑物基部的可用场地有限，因而只能利用上部空间来增加所需要的建筑面积。有时，倒金字塔的形式也可能是出于使用的需要，而成为一种理想的建筑方式，美国纽约惠特尼博物馆即是如此。此外，现代大城市发展迅速，土地价格昂贵，为节约用地，采用倒金字塔形式是理想的解决方法之一。

比起其他建筑形式，倒金字塔式建筑外观新颖奇特，引人注目。美国纽约的古根海姆博物馆的陈列厅为圆形的倒金字塔形式，建筑物的场地面积仅 50 米宽、70 米长，陈列厅参观走廊呈螺旋形，连续不断自上而下布置，长达 430 米，参观者乘电梯到顶部，然后沿下坡的走廊从上而下参观，不会因时间长而感觉疲劳。这座建成于 1959 年、由著名建筑师赖特设计的名作，无论是外观还是内部设计，都因富有创新特色而备受赞誉。

隧道是怎样修建的

趣味点击

美洲大地上的著名隧道

美国的德拉瓦隧道：世界最长的输水隧道，全长169公里。

美国纽约的林肯隧道：跨越哈德孙河连接纽约市和纽泽西州，是世界最繁忙的公路隧道之一，长度2.4公里。

工程师通常把隧道分为两类——穿过岩石的和穿过土的。修建隧道的最大进展要算英国工程师布律内尔发明的隧道盾构。有了这个装置，人们才得以安全地在水下开挖隧道。

现代的隧道盾构是一个钢筒，就嵌在正在开挖的隧道前端。在盾构前缘有一个强有力的切具。盾构靠强大的支顶构件向前推动通过地层。

人在圆筒的前部挖出土来，其他人就在圆筒后部砌出隐道的内壁。需要时，可打入压缩空气以抵御深层的高压。

修建隧道的第一步是勘查地质以找出最佳路线。决定好隧道的大小和形状后就要在纸上画出中心线，隧道的出入口标记在地面上，然后开挖隧道的实际工作就可以开始了。

生活·其他

QINGSHAONIAN
BIZHI DE KEXUE ZHISHI

艺术是来源于生活，却又高于生活的，科学知识也一样。在生活中学知识，也是青少年武装自己、提高生活能力的一种方式，任何一个青少年都不会想成为一个“四体不勤，五谷不分”的笨孩子。

此外，学习科学知识是青少年成长的最佳方法，青少年为了将来有更好的发展，也要努力学习科学知识。

学习的科学知识不应该局限在天文、地理、城市、建筑、航空、交通等的某一个领域，应该积极地汲取各方面的知识，力争做全能的新时代青年。

人类什么时候开始磨面粉

把颗粒磨碎成粉也许是人类的第一种工业。面粉是用麦粒磨成的，麦粒外有一层硬壳，壳下有麦麸，包裹着含有淀粉和麸质的白色物质。

初期文化开始前，原始人也许是把整颗麦粒一起吃下去，后来才发现弄碎的麦粒比较容易咀嚼，于是把麦子放在石板上用石块把它敲碎，如此一来外壳脱落了，麦子也成为粉状。石板逐渐磨损成中空的洞，启发了磨面粉的新方法——用一个可旋转的圆形石头，不断碾压洞中的麦粒。

大约在公元前200年，第一个完整的圆石磨粉机出现了。上层石块的中央有一个洞，麦子可由此放入后，上下石块联合进行碾磨，磨石是用手推的。最初每个家庭自备石磨，后来磨坊成为国家所有，最早的商业磨坊开始于罗马，并受到法律严格的监督。公元前100年左右，第一个水磨诞生了，以水力代替人力和兽力推动磨盘。中世纪时荷兰人首创用风车磨面粉，面粉工厂发展到现在是以电力取代风力和水力来带动机器碾磨面粉。

为什么咖啡和茶有提神作用

在生活中，人们常通过饮用咖啡和茶来达到提神醒脑的目的。为什么咖啡和茶都能提神醒脑呢？

原来，咖啡和茶叶所含的咖啡因属于一种生物碱（又名植物碱），为白色细针状结晶，在药理实验上对中枢神经系统有广泛的兴奋作用。人喝了咖啡或茶以后，首先是兴奋大脑皮层，增强大脑皮层的兴奋过程，消除疲乏感，减弱睡意，改善思维，使精神大为振奋；其次是兴奋循环中枢和运动中枢。茶叶中还含有一种叫茶碱的物质，而茶碱和咖啡因都能直接兴奋心脏，扩张冠状血管和末梢血管，并有利尿作用。

有人以为，既然咖啡和茶能提神，就应多喝。这是不对的，喝过量了就会适得其反。过量的咖啡因会使人出现失眠、心悸、头痛、耳鸣、眼花、头晕等不适症状，危害身体健康。而饮用过多的浓茶，会出现“醉茶”现象，不仅痛苦难忍，严重的还需急救。

基本小知识

咖啡因

咖啡因是一种黄嘌呤生物碱化合物，为中枢神经兴奋剂，能够暂时地驱走睡意并恢复精力。有咖啡因成分的咖啡、茶、软饮料及能量饮料十分畅销，因此，咖啡因也是世界上最普遍被使用的精神药品。在北美，90%成年人每天都使用咖啡因。很多咖啡因的自然来源也含有多种其他的黄嘌呤生物碱，包括强心剂茶碱和可可碱以及其他物质例如单宁酸。

为什么云南烟叶特别好

我国有很多地区种植烟草，但以云南的烟叶最好。在全国评出的 13 种名烟中，云南生产的就占了 9 种，如云烟、红塔山、玉溪等。这是为什么呢？

烟草是一种喜温、喜光的植物，它生长的最适宜温度为 25 ℃ ~28 ℃。但不同品种有不同要求，如一般烤烟叶片，其成熟阶段的日平均温度以 20 ℃ ~25 ℃为宜；晒烟、白肋烟等需平均气温在 18 ℃，持续时间在 90 天以上；黄花烟草则较能耐冷凉气候。烟草一般在 5 月份移栽，9 月间收获，在这期间的日照要求为 2 200 小时。如果日照充足而不强烈，烟叶质量就比较好。此外，水分对烟叶质量也有很大影响，在生长期间平均月降雨量为 100 ~ 130 毫米最适宜。

云南位于我国西南地区，分别受印度洋季风和太平洋季风的影响，属亚热带-热带高原型湿润季风气候。全省年平均气温 4 ℃ ~24 ℃，大部分地区为 15 ℃左右；年平均降雨量约 600 ~ 2 300 毫米。云南省大部分地区海拔 2000 米左右，山地海拔可达 4 000 米，甚至更高。由于纬度低，短距离内地形高低悬殊，气候的垂直变化显著。那里烟农有四句话："一山分四季，十里不同天。四季无寒暑，无灾不成年。"这充分概括了云南种植烟草的得天独厚的"立体气候"条件。烟农在温暖湿润的气候下，根据不同的烟草品种，可因地制宜安排种植，使优良烟种在适宜的温度、光照、水分环境中得到充分发挥。

什么时候开始有罐头食品

你知道拿破仑和罐头食品的研制大有关系吗？几千年以来人们一直想找到一些能更好保存食物的方法，但罐头工艺的出现却得益于拿破仑的军事远征。

当时替拿破仑打仗的陆军和海军常常只能吃一些熏鱼、腌肉和硬饼干。成千上万的人死于坏血病和慢性饥饿。所以，在1795年法国政府悬赏12 000法郎征求能给法国海陆军以新鲜和有益健康的食物的方法。15年之后，这个奖发给了阿佩尔，一位住在巴黎附近的厨师兼糖果师。

阿佩尔所做的就是把食物装进一个敞口玻璃瓶中，然后他用木塞和铁丝把瓶子密封，再把瓶子放进布袋以免碰坏。下一步他再把瓶子放进一个充满热水的大锅中，盖上盖子以保证瓶子在沸水中充分受热。

知识小链接

拿破仑

拿破仑·波拿巴，法国近代资产阶级军事家、政治家、数学家。法兰西共和国第一执政，法兰西第一帝国皇帝，意大利国王，莱茵联邦保护人，瑞士联邦仲裁者。曾经征服和占领过西欧和中欧的广大领土。拿破仑非矮子，身高约1.7米，人们误认为拿破仑是矮子，是因为当时人们错用英制尺寸去计算法制尺寸，法制尺寸比英制的尺寸要长。

阿佩尔的方法在今天对于某些食物也仍然有效，不过当时他的理论并不正确。他当时想，要保存食物只需要隔离空气就成了。后来人们才知道，保存罐头食物要依靠消灭人们看不见的细菌。

保存食物的锡罐是在1810年由彼得·杜兰首次制出。他是从装茶的茶筒得到灵感，而制出锡罐。罐头食品一定要加热杀死可能使新鲜食物腐败的微生物（霉、酵母菌、细菌），不论锡罐或玻璃瓶都必须清洁无菌，还必须密封不透气。

美国的第一家罐头食品厂是做鱼罐头的，是1819年由达格特在纽约市创办的。第二年波士顿就有玻璃瓶装的水果和番茄出售了。

什么是最早的纺织品

衣食住行是人类生存的四大需要，原始人觅食之初大概还没想到他们杀死的动物对其穿衣也有帮助。后来他们发现动物的皮毛能御寒遮雨，至于人们知道毛能搓成线，线能织成布，则可能是碰巧发现的。

目前用来制造纺织品的自然纤维，大都经过人类长期使用。许多古代民族都有用不同纤维织成的纺织品，并染成各种颜色。纺织品中最早使用的纤维应是羊毛和亚麻，1 万年以前瑞士就种植亚麻。在和长毛象同时代的瑞士史前民族遗物中，就有亚麻鱼网的残片。

埃及人在几千年前就能织出细致耐用的布料，有些埃及墓中包裹木乃伊用的布料，质地仍然相当好。《圣经》中有许多关于纺纱织布的记录，可见圣经时代纺织品已相当普遍。古希腊和古罗马最常用的是羊毛织品，罗马人到现在还蓄养长毛的羊。

古代印度使用的纺织品是棉，在公元前 4 世纪由亚历山大大帝带回希腊，秘鲁海岸的墓址中也发现织染得很精美的棉织品，年代比印加帝国还早。最好的纤维是丝，而我国在公元前 2000 年时就知道养蚕抽丝。由此可见人类的纺织技术在很久以前就相当发达了，今天人类利用科学技术制出各种合成纤维，生产出了更多价廉物美的纺织品。

最早的衣服是如何制作的

人们会很自然地认为，衣服之所以出现是因为人要保护身体以防天气伤害。可事实上这只是原因之一。同样重要的原因就是，人总想使自己在他人眼中更富有吸引力。原始人为此而在身上涂覆带色的泥土。后来人发明了用骨、燧石和石制的刀子，于是就用刀割破皮肤再将带色土揉进伤口。这就是我们今日称为“文身”的做法的开端。后来，原始人又发现其他吸引人注意的方法。他们常在身上佩戴战争和打猎的纪念品，例如一串牙齿或骨头。在腰上围动物皮，动物的角、羽毛，等等。往后项饰又被短袖束腰外衣或短衫取代，腰部还加上件裙子。

下一步衣饰的发展就是真正用东西把身体盖上。不久，这就不仅是为装饰，而且还是为了保护身体和维持外观庄重。

冰期来临时有雨雪，裸体的部落人就会找个野兽洞穴寻求庇护，也许是个熊洞。他如果找到的洞还有活的动物，他可能就杀了这个动物。然后他也许就在动物身上开个洞钻到动物身体里去睡觉直到动物尸体变凉。然后他把皮剥下来，白天穿着，晚上还在里边睡觉。

就这样，野兽的皮毛就变成了人的衣服。最早的猎人发明了缝制技术。他们使用锐利的刀子剥下动物的皮，然后他们用燧石将锥子钻出洞来再穿以皮条，于是就可把皮缝合在一起。因此，他们的发明中最重要的要属带鼻的针了。

你知道吗

部 落

部落一般指原始社会民众由若干血缘相近的宗族、氏族结合而成的集体。形成于原始社会晚期（即旧石器时代的中期和晚期）。有较明确的地域、名称、方言、宗教信仰和习俗，有以氏族酋长和军事首领组成的部落议事会，部分部落还设最高首领。

带鼻的针、扣子和挂钩，今日发现于约 30 000 年至 40 000 年前的中欧和瑞士的石器时代洞穴中。有些极长的针是用大鸟的腿骨制作的。另一些则是象牙做的，很细，几乎可以缝制今日一切衣服。在世界某些地区，还有人把草叶连在一起，缝缀编结成为衣服。

皮鞋是如何制作的

现代皮鞋制作的整个过程几乎全部由机器操作。做鞋面的皮挑选好以后，鞋面的各部分和衬里材料都用模型机切割而成，边缘部分也用机器磨平。机器可将鞋面的金属扣服打好，然后将完成的鞋面各部分和衬里送到缝制室，在这里有一种特殊的缝纫机，可将各个部分缝合。

在制作鞋面的同时，可以开始做鞋底，鞋底是用较厚而重的皮革来做的，但内鞋底所用的皮较为轻软，然后将鞋跟的垫层剪制完成。做好的鞋面再套紧在一个木头模型上，这也是一种特殊机器。

现在有一种特制的制鞋机，可使鞋面与鞋底接合，然后将鞋跟接合在鞋底上，鞋跟是用各种不同的皮革层粘贴起来，再压紧成一个整体。

最后的一个步骤是把皮鞋整平并擦亮，再贴上商标。做鞋面的皮除了牛皮和羊皮外，还有海豹、鸵鸟或鳄鱼的皮，当然还可以用各种纤维材料或布料。做鞋底的皮必须厚而坚固才行。鞋跟用皮或橡胶来做均可。

什么时候发明了雨伞

没人知道是谁首先发明了伞，但是在远古时代人们就使用它了。大概首先使用伞的是中国人，时间远在公元前 11 世纪。

对我们来说，下雨时把伞撑开遮住雨水似乎是极普通的事。但是，当时发明伞实际上并不是用来防雨的。它最初的用途是作遮太阳的罩子。

我们知道，伞在古埃及和古巴比伦是当作遮阳罩使用的。而使用时却有件怪事：它成了一种荣誉和权威的象征。在古代的远东，伞只允许皇室或身居高位的人使用。

在欧洲，希腊人首先把伞用当作遮阳罩来使用。而在古希腊，伞则是公用的。但是人们认为，欧洲首先把伞用作防雨器具的是古罗马人。

中世纪时，伞实际上已不见使用了。后来它在 16 世纪末时又出现在意大利，它仍然被认为是权威和势力的象征。截至 1680 年，伞先在法国，后来又在英国出现。

在 18 世纪时，伞几乎在整个欧洲都用来遮雨了。伞在式样上一直没有什么大的变化，但是在重量上变得轻多了。直到 20 世纪，才开始出现各式各样的女士用伞。

人类什么时候开始用电的

今天，生活中如果没有了电，几乎是不可想象的事。但是，人类在 1800 年后才得以使用电。

1800 年，亚历山德罗·伏特发明了第一节电池，从而给世界带来了持续不断而可靠的电流能源。不久后发现，电流能够用来产生热、光、化学反应和磁力效应。

汉弗莱·戴维爵士发现，电流能在溶液中使各种物质分解。由这些实验而产生的工艺技术生产出了很多产品：低价铝、纯铜、氯、各种酸类和化肥以及特种钢等。

基本小知识

电　流

单位时间内通过导体横截面的电荷量叫电流，通常用 I 代表电流，单位是安培，简称“安”，符号“A”。

后来人们发现，电流能够产生磁力。线圈通过电流之后，其作用就和磁铁棒一样。这一发现导致了各种电力设备的诞生，一些机械运动就是靠这类电力设备而产生的。

后来，法拉第发现了相反的做法——靠磁铁在运动中产生电流。这终于导致了发电机和变压器的出现。

由此可见，人类开始把电用在实际用途上只是近些年的事，但将来会有更多新的发现和发明。

数字电视是何时出现的

20 世纪 90 年代初，数字电视最早诞生在德国。德国的 ITT 公司推出了世界上第一台数字彩色电视机，但这台数字彩色电视机没有多大优势，因为它成本很高。成本高的原因是它使用了帧存储器，当时集成电路的生产技术与今天相比还很落后，电路密度很低，所以成本很高。这台数字彩色电视机在功能上虽然很简单，但在技术上已达到了非常高的水平，如，用数字滤波技术进行 Y/C 分离和场闪烁处理。

电冰箱为什么要除霜

电冰箱在降温的过程中，箱内空气中的水分凝结在低温的蒸发器表面结成霜。随着电冰箱使用时间的增长，蒸发器表面结的霜层也逐渐增厚。如果开门次数多，磁性门封闭不严，贮藏水分较多的食品时，在不使用刮板和密封容器的情况下，蒸发器上的霜层会快速增厚。霜层越厚，蒸发器的制冷效果就越差，造成箱内温度下降缓慢，使压缩机工作时间加长，耗电量增加。因此需要把蒸发器上的霜除去。一般当霜的厚度达 4 ~6 毫米时，就应该除一次霜。

为什么消字灵能消字

用铅笔写错了字，一块橡皮就可以轻轻地擦掉，可是用钢笔或圆珠笔写错了字，橡皮就无能为力了。此时，消字灵可以帮你解除烦恼。

知识小链接

树　脂

树脂一般认为是植物组织的正常代谢产物或分泌物，常和挥发油并存于植物的分泌细胞、树脂道或导管中，尤其是多年生木本植物芯材部位的导管中。由多种成分组成的混合物，通常为无定型固体，表面微有光泽，质硬而脆，少数为半固体。不溶于水，也不吸水膨胀，易溶于醇、乙醚、氯仿等大多数有机溶剂。加热软化，最后熔融，燃烧时有浓烟，并有特殊的香气或臭气。分为天然树脂和合成树脂两大类。

钢笔墨水的主要成分是鞣酸亚铁和蓝色有机染料。鞣酸亚铁是由单宁酸、没食子酸与铁盐反应而成的有机盐类，能溶解于水，它既不呈蓝色，也不呈黑色，而是淡淡的浅绿色，用它写出的字因色浅而不明显。在墨水中加入蓝色染料，写出的字就呈蓝色的了。当你把字写到纸上时，墨水中的鞣酸亚铁就和空气中的氧气起化学反应，变成了鞣酸铁。鞣酸铁是一种黑色的沉淀，它附在纸上极不易除去。

消字灵主要由漂白粉和草酸溶液组成。因为漂白粉破坏染料中的显色基因，所以可以使之褪色。消字灵中的漂白液虽可将字迹去除，但纸上却还留下一些斑痕。消字灵中的草酸是一种还原剂，它可使鞣酸铁重新还原成鞣酸亚铁，使沉淀在纸上的鞣酸铁完全去除，这时字迹和斑痕就全被消去了。经验表明，用更强的还原剂如硫化硫酸钠代替草酸做成的消字灵，效果会更好。

圆珠笔油主要由有机染料（或叫着色剂）、树脂、起润滑作用的固体金属皂类及烷烃系加工油等组成。较好的圆珠笔消字液是由两种溶液组成的。第一种溶液的主要成分是次氯酸钠和表面活性剂，第二种溶液的主要成分是二氯苯。当在圆珠笔油迹外涂上第一种消字液时，因次氯酸钠是一种强氧化剂，起漂白作用而使染料褪色，表面活性剂则可降低油迹对纸的附着力，使油迹慢慢与纸分离。当涂上第二种消字液时，因二氯苯是一种有机溶剂，它可以使圆珠笔油中的树脂、烷烃系加工油等溶解在二氯苯中，所以圆珠笔字迹就可以完全消除了。

为什么照相机镜头脏了不能用手或布去擦

大多数照相机的镜头是用玻璃磨制的，当光线照到玻璃表面时，大约有4%的光被反射（常说反射率为4%）。通常的照相机镜头由三个或四个透镜组成。较好的相机镜头则由六个或七个透镜组成。一个透镜有两个表面，当光线通过照相机镜头时，就要经六次到十四次的反射。一次损失光能4%左右，经多次反射损失的光能高达20%～50%。用这样的镜头照相，光线稍稍暗一点，效果将会很差，通常叫曝光不足。为了减少光能损失，常常在透镜表面用真空镀膜机镀上一层增透膜，它可使透镜表面的反射率降低到1%左右，照相机镜头总的光能损失降低到6%～15%。这样就大大提高了照相机的性能，即使光线较暗，也能照出满意的照片来。

相机用久了，镜头上难免落上灰尘，不少人发现后，就用手或布去擦。他万万没想到，这么一擦，很可能就把透镜上镀的增透膜擦坏了，从而降低了相机的使用性能。所以，发现相机镜头脏了，切不可用手或布去擦，而应该用脱脂棉浸上乙醚和酒精的混合液轻轻擦拭，或者用一种特别的擦镜纸轻轻擦拭。擦时不宜乱抹，最好从镜头中心到边沿一圈圈按顺序擦，这样既能保持镜头清洁，又不会降低相机的性能，从而拍出令人满意的照片来。

肥皂是如何制造的

古代的人们习惯把橄榄油涂到身上来清洗身体。他们也用果汁和各种植物的灰来清洗。到了公元 1 世纪，我们已经对两种肥皂有了了解，一种是软的，一种是硬的，普林尼把它描写成为能使头发发亮的一种发明创造，并对发明者高卢人大加赞赏。

一百多年前，美国人就开始在家里制造肥皂了。

趣味点击　**肥皂命名**

肥皂是从西方引进而来的，所以当时称为“洋碱”，虽然“碱”和肥皂本身并不能画等同的关系，但新奇感驱使的中国人民还是将这个名字在官方沿用了好几十年，直到民族工商业自己造出了肥皂，才渐渐舍弃了“洋”字。

肥皂是用煮开的脂肪和油加上碱制成的。在大肥皂厂，先在一个大锅中把脂肪和碱烧开，这一过程叫作“皂化作用”。在这一过程快结束时加入盐，这就使得肥皂漂到锅的上面，包含甘油、污物和一些多余的碱卤水或盐溶液就沉到锅底放掉。这一过程反复进行五六次，使脂肪皂化完全。

下一步是不断加入各种成分使之变为一种光滑体，所添加的各种成分有香料、着色物、水软化剂和防腐剂。这一工序完成后，热的溶解了的肥皂就被制成条状、块状、粒状、片状和小球状。香皂则要经过一道“破碎”工序，碾碎晾干，然后把碎块卷成片状。

什么是滋味

现在我们所知道的滋味是某一种物质或混合物的滋味，但是这些物质为什么会有这种滋味，却没有人知道。

一种食物在我们味觉神经上的效果，和食物的某种化学成分有关联。举例来说，当氢离子出现在食物里的时候，会有一种酸味。氨基酸有一种甜味。糖里面有氨基酸，所以我们会觉得糖是甜的。

在两千多年以前，希腊的一位哲学家说，食物的滋味决定于食物放出的原子。这在当时的确令人惊奇，但是今天想起来，他的话完全是对的。除非是一种物质被溶解了，才会放出了原子，否则我们不能品尝，如我们不能尝一块玻璃的味道。

我们的味觉能够记录下四种感觉：甜、咸、苦、辣。但是我们的舌头并非对这四种滋味都能相等地感觉出来。舌尖能够尝到甜，舌背能够尝到苦，舌头的两边能够尝到酸和咸。

实际上没有一种东西有纯的滋味。我们的舌头并不仅仅能够尝到甜或咸，而且还能够感觉到重、粗糙、细嫩、温、热以及其他情况。这些感觉联合起来的结果，就是我们所谓的食物的滋味。

如何制造糖

人类很早就已懂得利用自然界中的物质来制造糖。不同种类的糖有着许多不同的来源。奶糖或乳糖从奶中提取出来。从水果中提取的糖称果糖。从蔬菜、谷物、土豆中提取的糖称为葡萄糖。最普通的糖——蔗糖主要来自甜菜和甘蔗。

甘蔗属于草科，它生长在温暖、潮湿的热带或亚热带气候中。有时，甘蔗可长到20英尺高，甘蔗茎被砍断之后，装运到甘蔗加工厂或糖厂。甘蔗被洗干净、切成短块或切成条，然后把这些条、块放在沉重的磙子下压碎。

压出来的汁液呈灰黑或呈绿色，是一种酸。这种汁液经化学药品除杂后流入真空锅中脱水变成黏稠的糖浆。糖浆是由糖晶体和糖蜜组成的混合物。混合物旋转形成中空的圆柱体，使糖蜜析出来，同时，生成的褐糖留在里面。然后，褐糖溶解后用化学药品处理、过滤，最后又重新结晶，就形成白糖，然后被加工成颗粒状或粉状。

如何制造口香糖

口香糖是以树胶为主，再加上糖、玉米糖浆和香料做成的。泡泡糖是由更多的似橡胶的树胶组成，所以它伸展时不至破裂。

每个制造口香糖的商人都有自己的配方，并且配方是非常保密的。但制造口香糖都大同小异。在工厂，树胶是经过处理的，这种材料经溶化和消毒后用离心泵从蒸锅抽出。离心泵以高速旋转从未加工过的树胶中分离出脏东西和大量生胶中的树皮块。

溶解了的、干净的胶与糖、玉米糖浆和香料混合在一起。其中大约有20%的胶，63%的糖，16%的玉米糖浆和大约1%的香料油。常用的香料是绿薄荷、胡椒薄荷、丁香和桂皮。

趁这些物质还热的时候，将它卷入一副磙子之间，把这些物质压扁成长条带状。糖粉撒在长带的两面以防止树胶发黏。最后用装有刀子的磙子把长带切成块状。机器将口香糖一块一块地包起来，然后再一起包装起来。

现在使用的大多数树胶是人工合成的，正因为这样它又是工业产品。但是其中有一些像糖胶树胶是取自种植在危地马拉、墨西哥的大常青树。

为什么眼镜能矫正视力

对近视的人来说，如果没有眼镜，那么世界对他来说就是一片模糊。今天，近视的人和有正常视力的人所看的东西是一样的。因为眼镜能矫正近视眼的视力。简单地说，光线进入你的眼睛就落到眼中的视网膜上。视网膜就像照相机内的感光纸一样。很显然，假如光线落到视网膜的后面或前面，就看不清了。所以，眼睛里有一个晶状体使光线聚焦并落在正确的位置上。

当正常的眼睛看远距离物体时，图像落在视网膜上而没有任何问题。但同一只眼睛要看近处物体时，图像就会落到视网膜后边去了。所以，眼睛的晶状体就要“调节”了。这就是说，某一块肌肉收缩使晶状体变形，以使图像再落到视网膜上，使眼睛看得更清楚。

但有两种情况发生时眼睛不能自然地调节。第一，当人们的年龄大了以后，眼睛的晶状体就失去了弹性，因而不能改变形状，使光线正确聚焦。第二，有些人的眼睛的晶状体生来就太薄或太厚。

基本小知识

晶状体

晶状体位于玻璃体前侧，周围接睫状体，呈双凸透镜状。

晶状体为一个双凸面透明组织，被悬韧带固定悬挂在虹膜之后玻璃体之前。晶体是眼球屈光系统的重要组成部分，也是唯一具有调节能力的屈光间质，其调节能力随着年龄的增长而逐渐降低，形成老视现象。晶体的前凸曲率半径为 10 毫米，后凸曲率半径为 6 毫米，前后径为 5 毫米，直径为 10 毫米。

人们的眼睛晶状体太薄的就是远视眼。他们可以看清远处的物体，但必须使劲才能看清近处的物体。有时，不能做出足够的调节使图像落到视网膜上，就得戴上眼镜。这时，眼镜能使图像聚焦到视网膜上。

近视眼的晶状体太厚，使图像的焦点落到了视网膜的前面，看起远处的东西来是模糊的。但近视眼的人本身对此却毫无办法，如果靠自身调节的话（使肌肉收缩），就会使图像更远，所以他只能戴上眼镜，把图像焦点拉回到视网膜上，这样才能把物体看清楚。

谁发明了眼镜

没有人知道第一副眼镜是谁做的，公元 1266 年罗吉·培报将一块凹面玻璃放在书上，将书上的文字放大。但把玻璃放在眼睛近处并固定不动是谁想出来的主意呢？从一张 1352 年的画像上，我们发现红衣主教尤根尼戴了一副镶有镜架的镜片，并将两个柄接在一起，固定在眼睛的上方，因此我们知道在公元 1352 年之前，有一个不知名的人发明了眼镜。

印刷书籍开始出现后，眼镜的需求量增大，16 世纪玻璃工厂大都集中在意大利北部与德国南部，所以眼镜也是在那些地区制造得最多。1629 年英国查理斯王一世对眼镜制造业者授与许可证，1784 年富兰克林发明了远近两用眼镜。

现在的眼镜除帮助人们能更清楚地看到东西和阅读以外，还有很多其他用途。我们知道深色眼镜可减弱阳光刺眼的光线，有色眼镜可用来侦察隐秘事物，此外，滑雪者、飞行员、两极探险者以及爬山者需要能吸收紫外线的眼镜。

火炉工人必须戴能阻止红外线的眼镜，吹玻璃的工人则需戴一种特别的眼镜，以使他看得更清晰。总之，现在的眼镜已可替人们解决各种视力上的问题了。

我们迷路时为什么常常兜圈走

人们在雾中或暴风雪中迷了路，常走上几个钟头还以为自己是沿着一条直线前进。可是过了一会儿却发现又回到了原来出发的地点。

如果不用眼睛来矫正，我们就无法走直，这是因为我们的身体是不对称的，也就是说，我们身体的左右两侧并不是处于完全平衡的状态。例如心是在左边而肝是在右边。我们的骨骼也是不对称的。脊柱也不是完全直线的。我们身体两侧的腿脚也是不同的。这一切都意味着我们身体的肌肉结构是不对称的，或者说是不完全平衡的。

因为我们的肌肉左右不同，这就影响了我们的走路方式，影响了我们的步态。我们闭上眼睛，对步态的控制就要依靠肌肉和其他身体结构，这时身体的某一侧就会迫使我们沿着某一方向转。结果就是我们兜着圈走。

什么是蜡

蜡有许多用途，大家最熟悉的一种是可以制造蜡烛的蜡。其实一些动植物也产生蜡，例如植物产生的蜡，可以保护叶子和果实；有些昆虫也有蜡，可以保护外壳。

有的昆虫，如蜜蜂，制造蜡是为了做蜂房。有的普通动物也制造蜡，羊毛上的羊毛蜡是为了防止羊毛被水浸湿。纯羊毛蜡叫羊毛油，一些美发蜡和化妆品就是用羊毛油制成的。

还有一种蜡是从石油中提炼出来的，叫石蜡。这种蜡的化学成分和植物蜡、昆虫蜡不同。石蜡是碳氢化合物，通常是固体，易于熔化，但是不溶于水，摸起来油腻腻的。

蜡的用途很广，软蜡很容易捏成形状，所以常常用来捏塑蜡像。蜂蜡可以制造防水化妆品。有许多东西打蜡以后会发亮。棕榈蜡可以擦鞋、擦地板或擦汽车。石蜡可以做蜡纸、蜡烛。植物蜡、动物蜡、矿物蜡都可以制蜡烛，不过宗教仪式上用的蜡烛都是用蜂蜡制造的。

趣味点击

宗　教

宗教是人类社会发展到一定历史阶段出现的一种文化现象，属于社会意识形态。主要特点为，相信现实世界之外存在着超自然的神秘力量或实体，该神秘统摄万物而拥有绝对权威，主宰自然进化，决定人世命运，从而使人对该神秘产生敬畏及崇拜，并从而引申出信仰认知及仪式活动。

玻璃是如何制造的

玻璃的种类很多，而所有的玻璃基本的制造原料大致相同。玻璃是由某些物质熔化，然后冷却经过混合制成的。制造玻璃的最主要材料是硅砂、苏打、灰石、硼砂、硼酸、氧化镁和二氧化铅。由于各种原料的不同，可以制造出各种不同的玻璃。

人类最早制造的玻璃是苏打石灰玻璃。用苏打灰和石灰以及硅砂制成的这种玻璃，最容易熔化，价钱也很便宜，在世界上有90%是这种玻璃。人们用它来镶门窗，做瓶子、灯罩以及其他用具。

铅玻璃是用二氧化铅、硅土、苏打和少量的其他物质制作的。铅玻璃可以做光学镜片、无线电真空管、电视真空管、霓虹灯管等。硼砂酸盐玻璃是用硅砂、硼砂以及其他物质制成的。这种玻璃具有抗热、抗震的性能，可用它做烤箱、灯炮、绝热体等。

化学家可以用各种不同的原料制造出不同的玻璃。例如在原料中加少量的氧化金属，就能做出美丽的彩色玻璃。

现在制玻璃的过程和以前有极大的不同，但制造仍然是七个基本方式：

混合、熔化、吹、压、滚、铸、画。

怎样酿造醋

任何一种含有酒精的发酵液体，都能够酿成醋。苹果汁、葡萄汁、橘子汁、凤梨汁以及蜂蜜等都是酿醋的原料。

世界上不同的地区有不同的酿醋方法。在英国，醋是用麦芽来制作的，制作方法和制作啤酒的方式差不多，这种醋很酸，他们叫麦芽醋。在美国，大部分的醋是用苹果汁来制作的。在法国和欧洲的其他国家，醋都是用葡萄来制作的。

中国传统的酿醋原料，长江以南以糯米和大米（粳米）为主，长江以北以高粱和小米为主。原为先经蒸煮、糊化、液化及糖化，使淀粉转变为糖，再用酵母使发酵生成酒精，然后在醋酸菌的作用下经醋酸发酵阶段，将酒精氧化生成醋酸。这样，醋就酿成了。

人类什么时候开始使用针

针是一种很小的工具，一端很尖，另一端有一个穿线的针孔。人类开始用针的年代很早，我们当然不知道针是谁发明的。

我们知道最早的针是骨针、木针、象牙针和铜针。有些实际上是钻子，因为没有孔，就像鞋匠用的一样，目的只是钻个洞。我们发现的骨针，最早的是石器时代的遗物。人类使用骨针的时间最为长久。在古埃及的废墟中发现过石针。罗马时代用的是铁针和铜针。钢针是由中国人发明的，中古时代传入欧洲。欧洲第一个制造钢针的工厂，于 14 世纪设立在德国的汉堡。在伊丽沙白一世时代，由一个名叫格鲁斯的德国人，把造针术传到了英国，尔后英国和法国成了世界上主要的产针国家。

针虽然是个很小的工具，但也是在制造的过程中经过多次改良，才得以成为今天我们所使用的针。

花朵为什么能制成香水

人类对香水的喜爱，自古有之。今天，人们从花中制取香水的方法主要有两种。

趣味点击

调香师

大多数专业的香水师都是在专业院校中学习过香水制作艺术的，学习时间需要六年。过去的惯例是，从事香水业的“鼻子”们（因为香水业需要极敏锐的嗅觉，所以香水师被称为“鼻子”）大多数男性。

第一种是在木框中装上玻璃，玻璃上涂有一层精炼的猪油，猪油上铺满花瓣，然后把木框一个接一个堆起来。花瓣每隔一段时间就得换上新的，直到猪油吸收了足够的香料为止。

另一种比较先进的方法，是用溶剂把花瓣中的香料吸出。溶剂可不断地在新鲜花瓣中流过，直到其中的香料达到饱和状态，然后用蒸馏法除去溶剂，并用酒精净化香料。

其实，花只是制造香水的原料之一，杉木、檀香木、桂皮、没药（一种有香气带苦味的树脂）和其他芳香性的树脂都可制香水。此外迷迭香、熏衣草、薄荷、天竺葵、百里香等植物的叶子；橘子、柠檬等果实的皮；还有鸢尾草的根都是制造香水的原料。以香味著名的花朵有玫瑰、紫罗兰、茉莉、菊花、夜来香和黄水仙等。

现在市面上出售的香水，很少是纯粹的植物香料，大多是以少量植物香料配合动物和合成原料制成的。利用化学方法甚至能制出自然界中也难有的芬芳花香。

酒精饮料的起源在哪

世界上几乎找不到没有酒的国家，人类饮用的第一种酒精饮料应该是葡萄酒，有关喝葡萄酒的最早记录是《圣经》中所记载的。在洪水之后诺亚开辟了一座葡萄园，饮用葡萄酒，而且喝得大醉。在古希腊罗马时代，酿酒术已经相当发达，能酿出醇美的葡萄酒。

不同的地方有不同的酿酒法。鞑靼人把骆驼奶或马奶发酵，酿成含大量酒精的乳酒。墨西哥人则以某种仙人掌制成卡尔酒和龙舌兰酒。风行日本的酒精饮料是米酒，俄罗斯的伏特加酒是用稞麦或马铃薯制作的。

啤酒是历史悠久的饮料之一，几乎所有淀粉植物都可做酿啤酒的原料。古代萨克逊人和丹麦人很喜欢喝啤酒，他们侵犯英国时把啤酒也带去了，直到今天，啤酒中的麦酒和黑啤酒仍是英国全国性的饮料。

蒸馏得到的酒类较啤酒和葡萄酒的酒精成分要高得多，这种酒是从蒸馏发酵的谷类混合物或葡萄酒而得来的。据说阿拉伯人在几世纪前就蒸馏葡萄酒而得到白兰地。

咖啡是如何被发现的

关于咖啡的发现有一个传说。大约1000年前，一位阿比西尼亚人闻到一种野生灌木燃烧所产生的香味，令人十分陶醉，于是他就走过去寻找这种灌木的果实，他把果实放进嘴里咀嚼，发现味道不错，就拿来煮成饮料，咖啡就这样被发现了！

在15世纪以前，由于东非的阿比西尼亚是世界上唯一生长咖啡树的地方。因此，这里的人最先享受到了咖啡。后来咖啡树被移植到阿拉伯，从那以后的两百年间，全世界的咖啡都来自阿拉伯南部的也门。

在17世纪的时候，荷兰人在爪哇岛种植咖啡树，并把它移植到其他几个热带国家，然后由英国人移植到牙买加岛以及南美各地区和国家，不久，咖啡这种饮料就风行于欧美各地。